112 [COLECCIÓN TRÓPICOS]

Edición exclusiva impresa bajo demanda por CreateSpace, Charleston SC.

Editorial Alfa

Apartado postal 50304. Caracas 1050 A, Venezuela
Teléfono: [+58 212] 762. 30. 36 / Fax: [+58 212] 762. 02. 10
e-mail: contacto@editorial-alfa.com
www.editorial-alfa.com

ISBN: 978-84-17014-54-4

Diseño de colección
Ulises Milla Lacurcia

Diagramación
Rocío Jaimes

Corrección
Magaly Pérez Campos

Fotografía de portada
© Rodolfo Gutierrez/Orinoquiaphoto

Fotografía del autor
Lisbeth Salas

Printed by CreateSpace, An Amazon.com Company

LA REPÚBLICA FRAGMENTADA

CLAVES PARA ENTENDER A VENEZUELA

Tomás Straka

EDITORIAL
ALFA

ÍNDICE

PRÓLOGO
INTERPELAR EL PASADO, MIRAR EL PORVENIR

En 2005, Ramón Piñango y Virgilio Armas me pidieron algunos trabajos para la revista *Debates* IESA. El objetivo era abrir una publicación centrada en asuntos de la gerencia a temas más amplios, pero siempre manteniendo un diálogo con los intereses centrales de quienes habitualmente leían la publicación. Aún no tengo del todo claro por qué pensaron en mí para el trabajo, ni tampoco por qué me creí capaz de asumirlo cuando lo hice, casi con alacridad. La invitación venía del Instituto de Estudios Superiores de Administración (IESA), con todo lo que esto significaba en un contexto como el de la Revolución Bolivariana. Mientras el Estado estaba dando sus primeros pasos hacia el socialismo, que finalmente promulga en 2007, el IESA se caracterizaba (y sigue caracterizándose) por promover valores como los del emprendimiento, la eficiencia gerencial y la productividad. El estereotipo de «IESA boy», como campeón del neoliberalismo y villano por excelencia de la historia oficial revolucionaria, seguía flotando en el ambiente. Del mismo modo, los lectores de la revista no parecen ser un público especialmente interesado en aquello que quien escribe pudiera ofrecerles. Así las cosas, ¿qué y cómo escribir para llamar su atención y al mismo tiempo sustraerme de las diatribas políticas inmediatas?

Una primera pista me la dio el momento que estábamos viviendo. Acababa de cerrarse un ciclo de duras confrontaciones políticas (el paro y el golpe de 2002, el paro de 2002-2003, el referéndum de 2004) y todo indicaba que vendría otro de nuevas y acaso mayores turbulencias. Hugo Chávez había ganado todas las batallas y se alzaba sobre el país como un coloso eterno e invencible, al tiempo que el precio del petróleo se disparaba hasta la nubes, por lo que a las otras dos características del coloso había que sumar la de multimillonario. Ante esto, la parte de la sociedad menos entusiasmada por el proyecto chavista se hundía en la incertidumbre, cuando no en la franca angustia. Fue el momento en el que muchos voltearon hacia la historia con la esperanza de encontrar claves para entender su presente confuso. Incluso para atisbar hacia dónde podría encaminarse el porvenir. No sé hasta qué punto la historia cumplió sus expectativas, pero esa necesidad social quedó plenamente evidenciada cuando los libros de Manuel Caballero, Elías Pino Iturrieta, Inés Quintero y Germán Carrera Damas, solo por nombrar a los más célebres, llegaron a convertirse en verdaderos *best sellers*. Los artículos de *Debates* IESA debían, entonces, inscribirse en este esfuerzo. La idea era poner al alcance del lector no especializado ideas y referencias que normalmente se quedan en los círculos académicos, fomentar la reflexión y el debate sobre temas y acontecimientos que por lo general son ajenos al lector común, tender un puente entre la investigación histórica a la que me dedico profesionalmente y los problemas cotidianos de la vida venezolana. En suma, colaborar en el empeño, cada vez más amplio entre los venezolanos, de interpelar el pasado para mirar hacia el porvenir.

Durante seis años, casi de forma ininterrumpida, los artículos aparecieron en la sección «Ensayo» de la revista. No los escribí en primera instancia con la pretensión de que fueran ensayos (la palabra, básicamente por el calibre de la ensayística venezolana, me sonaba muy grande). Aunque en algunos casos recurrimos a las citas y, por formación, no dejamos de respaldar con datos concretos nuestras afirmaciones, mi propósito ha sido el de proponer ideas, el de inquirir razones, el de interpretar determinados problemas, es decir, discurrir en clave de ensayo. Siempre tomé en cuenta el ejemplo de historiadores como Caballero, Pino Iturrieta o Simón Alberto Consalvi, otro de los muy leídos autores del momento, quienes a través de la prensa destilaban y ponían al servicio de todos (Pino Iturrieta aún lo hace) muchas de las tesis a las que sus investigaciones los habían llevado. Esas investigaciones son la base de una comprensión de la realidad que los acredita para interrogarla y acaso descifrarla, pero su escritura no es la de las monografías (no en este caso), sino más bien la del periodismo.

Clásicos de la ensayística venezolana como Mariano Picón Salas, Augusto Mijares y Mario Briceño Iragorry son otros ejemplos capitales de esta vocación ciudadana que debe tener el historiador. No se trata, por supuesto, de hacer aquella «historia militante» que terminaba siendo simple propaganda, o algo muy parecido a eso, de determinadas ideas políticas. Se trata de esa «responsabilidad social», como la ha llamado Carrera Damas, que lo lleva a trascender su gabinete de investigador para dialogar con el resto de la sociedad en las cátedras, en los medios, en dondequiera que pueda ofrecer ideas para alimentar el debate y la reflexión de sus conciudadanos.

El presente libro reúne una selección de los artículos de *Debates* IESA con otros aparecidos en el *Papel Literario* de *El Nacional*, la revista SIC, *El Ucabista* y *Simón Bolívar analytic*. En un caso –«La maldición de Cirene»– se trata de un trabajo inédito. Por su parte, el título del volumen es también el de un ensayo inicialmente aparecido en SIC y recogido en esta compilación. La idea de una *República fragmentada* partió de lo especialmente desangelado de las fiestas del bicentenario, lo que me hizo pensar en un país que está lejos de sentirse contento consigo mismo. Aquello reflejaba una esencial incapacidad de celebrar juntos, en parte porque las visiones contrapuestas de nuestra realidad (y subsecuentemente de nuestra historia) no generaban una razón común para la celebración. Por primera vez desde que se instituyeron las fechas y fiestas patrias en el siglo XIX, estas no podían ser un lugar de encuentro. De la «ilusión de armonía» de nuestro feliz «siglo XX corto» (1930-1989), habíamos caído en algo parecido al «país archipiélago» (Pino Iturrieta *dixit*) que fuimos en el siglo XIX: un grupo de islas e islotes conectados en el fondo por bases geológicas comunes, pero separados por mares y vientos, en ocasiones procelosos entre sí. Islas que a veces se dan la espalda o entablan enfrentamientos. Por eso los fragmentos políticos a lo sumo son expresión de grietas más profundas, de procesos que los subyacen y que en ocasiones vienen de muy lejos. Comprenderlos en su sentido histórico, identificar lo que tienen de novedad y lo que hay en ellos de continuidades, ofrecer una imagen de conjunto, descubrir si responden a un sentido es lo que hemos intentado en estos ensayos. Es de eso de donde viene el subtítulo, que también es el título de un trabajo aparecido en *Debates* IESA. No solo se trata de un guiño y un tributo a la

Comprensión de Venezuela de Picón Salas, que también es una compilación de textos escritos con objetivos similares y en un entorno de crisis tanto o más angustiante que el actual (esa Venezuela de la apertura de 1936 a las primeras elecciones universales de 1946). Al mismo tiempo es el resultado de una de las labores en las que la «responsabilidad social» del historiador me ha hecho más requerimientos: el dictado de talleres para ciudadanos interesados (y muy preocupados) por lo que está pasando, jóvenes políticos de escuelas de líderes e incluso para un grupo de estudiantes de la Universidad Nacional Autónoma de México, de diversas carreras y posgrados, quienes estaban haciendo sus tesis sobre Venezuela y necesitaban un abecé del país.

Nuevamente le debemos a Virgilio Armas, con su ojo de editor, la propuesta inicial de hacer esta compilación. Reunir unos textos sueltos escritos para diversas ocasiones y publicaciones requiere cierta justificación. Ya habían cumplido –bien, regular o mal– la misión a la que estuvieron destinados, respondiendo a los acontecimientos de la hora (¡que en Venezuela han sido tantos!). No obstante, mucho de lo escrito en ellos mantiene vigencia, en parte porque los fenómenos analizados siguen siendo, al menos en esencia, los mismos. Que varios sean usados como textos de cátedras universitarias, tanto de pregrado como de posgrado, demuestra la pertinencia de reeditarlos. No siempre es fácil conseguir las revistas en las que aparecieron inicialmente publicados.

Por último, ya que todo libro es en alguna medida un logro colectivo, resulta obligatorio agradecer a quienes nos impulsaron a escribir la mayor parte de estos textos: primero que nada, a los amigos del IESA, Virgilio Armas, Ramón Piñango y José Malavé. También a la multitud de personas en cuyas conversaciones encontré ideas o datos que me resultaron claves para escribirlos. Un especial agradecimiento les debo a los alumnos que soportaron la primera elaboración –esquemática, oral, acaso presentada en diapositivas– de mucho de lo acá expuesto. No pocas veces realizaron observaciones esclarecedoras que afinaron mis propuestas o me hicieron enmendar el camino. A la Universidad Católica Andrés Bello, que para mí siempre han sido un soporte para escribir, le debo una palabras de gratitud, así como a Ulises Milla, por acoger con entusiasmo la propuesta de esta edición y, muy especialmente, a mi esposa, Marianne Perret-Gentil, quien tiene el suficiente amor para aguantar las horas de incesante tecleo en la computadora, sonido que a veces la hace acompañar mis desvelos. A todos ellos, muchas gracias.

Caracas, marzo 2013/agosto 2014

LA LARGA TRISTEZA

Dos jóvenes venezolanos intercambian opiniones sobre su patria. Luis Heredia, como tantos otros, decidió emigrar a Europa y ahora vive en Francia. Ernesto Gómez, su amigo, sigue en Caracas y solo sueña con imitarlo. Por eso está ávido de información. Quiere saber cómo es todo por allá, compulsar posibilidades, verificar ilusiones. Las noticias que tiene de Heredia dibujan un cuadro inacabable de felicidad (salidas, espectáculos, fiestas) que anhela para sí y le hacen incomprensibles las reservas que poco a poco este le va confesando. Hay tardes en las que Heredia se pone filosófico: dice que después de todo París no es como la pintan, ¡ni siquiera las muchachas son tan bonitas! (tal vez demasiado flacas para su gusto). Hasta síntomas de mal de patria comienzan a darle. En ocasiones le aflora algo que se parece al remordimiento por no hacer algo a favor de los suyos. Incluso lamenta que tantos jóvenes quieran marcharse, como lo hizo él. Por supuesto, a Gómez aquello le parece insólito. Sospecha que son solo poses para no causar envidia o excusas para calmar su conciencia. En una revolución, con unos generales que se reparten el botín de las arcas nacionales, un entorno y unas gentes tan mediocres, nada puede ser digno de añoranza. Lo increpa. Casi lo insulta. No hay caso. Al final logra irse y no lo piensa dos veces. Se va. Es el signo de un tiempo y, como en las siguientes páginas esperamos demostrar, lo es también de aspectos sustantivos de su nación. De lo que ha querido ser y de lo que efectivamente logró alcanzar.

SOBRE LA TRISTEZA

El diálogo anterior, contra lo que pudiera pensar el lector, dista de ser actual. Heredia y Gómez son personajes de un cuento ambientado en 1898 (su telón de fondo es la guerra hispano-norteamericana y la Revolución de Queipa) y escrito algunos años después. Su título es «Viejas epístolas» y el autor es Pedro Emilio Coll, quien sabía bien de lo que estaba hablando. En su juventud fue de esos muchachos del *fin de siècle* quienes, después de abrigar grandes esperanzas políticas y estéticas (sobre todo estas, comoquiera que se atrevió a las filigranas del lenguaje modernista), desembocaron en el ánimo del *Finis patriae* expresado por su contemporáneo Manuel Díaz Rodríguez como único destino para su generación y para su país. Y así, como el Alberto Soria de sus *Ídolos rotos*, solo hallaron un remedio en la emigración.

Pero Don Pedro Emilio, como la mayoría ellos, no pudo irse. Terminó sus días en el peripato del que entonces era escenario la plaza Bolívar y su vecina cervecería Donzella, como encarnación de la ironía, de cierto descreimiento, de la nostalgia por lo que pudo haber sido y no fue. Hoy se le recuerda por «El diente roto», esa metáfora de la medianía nacional que por algo se hace leer en todas las escuelas (y que en vida tantos dolores de cabeza le produjo) y, entre los caraqueños, por un famoso liceo en Coche. Situación que acaso lo haría sonreír una vez más, acomodarse con gesto amable el sombrero y tomar notas para otro cuento o ensayo; sobre todo ahora, cuando en las clases altas y medias volvemos a encontrar jóvenes tan desesperados como él lo fue en sus días, en una especie de encuentro entre dos finales de siglo que en esta y otras tantas cosas se parecen tanto que harían pensar en cierto inmovilismo, en algún tipo de conjuro de estancamiento del que fuimos posesos en los cien años que mediaron entre ambos.

Sin embargo, fue justo al contrario: pocas etapas resultaron tan movidas y presenciaron cambios tan dramáticos como los ocurridos en la pasada centuria. De hecho, el tono de los escritores que median entre los decepcionados modernistas y positivistas y eso que hoy algunos llaman la «literatura del exilio» (nombre no del todo apropiado porque no se trata de un exilio en toda ley: casi todos son autoexiliados o simples emigrantes en busca de un futuro mejor, no pocas veces subsidiados por sus familias), es decir, de aquellos que escribieron más o menos de 1930 al año 2000, fue distinto: aunque no dejaron de acusar lo que de falso y contradictorio tuvo un país en el que todo comenzó a salir bien, *sospechosamente* bien, su talante con respecto a él cambió de manera sustantiva. Hasta en las almas carcomidas y en los destinos fallidos de Venezuela que generalmente nos dibujaron, se atrevieron a atisbar desenlaces optimistas (como el de *Doña Bárbara*). Por muy duras que fueran las novelas de Miguel Otero Silva que narraron el paso del país rural al petrolero, o que resultara *País portátil* (1967), de Adriano González León, en ninguna se encuentra esa melancolía que flota como un sopor y lo impregna todo como en «Lorena llora a las tres», de Miguel Gomes (2010).

Probablemente en González León hay más rabia que tristeza (aunque de esta también hay); encontramos soñadores que quieren otra realidad y que sistemáticamente se estrellan contra ella; pero no por eso carecen –autores y personajes– de un deseo más o menos disimulado de despertar a la sociedad y hacerla tomar las riendas de su porvenir. Es decir, alguna esperanza de que eso fuera posible. Repásese el resto de los grandes escritores y sus militancias de ese «siglo xx corto» venezolano (empleemos la categoría de Hobsbawm), desde la Generación –literaria y política– del 28 hasta aquellos autores que hacia 1990 retornaron a una actitud más bien irónica –¿desesperanzada?– con su realidad, y se hallará lo mismo: una crítica que en última instancia apuesta a conmover al lector y a salvar la sociedad, porque ambos, de algún modo, se consideraban salvables.

Incluso lo vemos en el Leoncio Martínez –con esa tristeza que solo tienen los humoristas– de «La balada del preso insomne»: «estoy pensando en exilarme / me casaré con una *miss* / de crenchas color de mecate y ojos de acuático zafir; / una descendiente romántica / de la muy dulce Annabel Lee, / evanescente en las caricias / y marimacho en el trajín, / y que me adore porque soy / tropical cual mono tití»; incluso entonces deja un espacio para la esperanza, y no solo porque vayan a ser sus «nietos, gigantes rubios, de cutis de cotoperiz», o porque «en un cementerio evangélico», «tenga lo que a mí me niegan: la libertad del buen dormir», sino porque con todo y el dolor no duda en el buen desenlace final: «¡Ah, quién sabe si para entonces / ya cerca del año 2000 / esté alumbrando libertades / el claro sol de mi país!».

Leoncio Martínez perteneció a aquella cohorte de hombres míticos y corajudos que lucharon por la democracia hasta lograr fundarla. Para él, como para la mayor parte de los venezolanos que vivieron las dictaduras de la primera mitad del siglo xx, salir del país fue sobre todo un castigo: el exilio, la pena de extrañamiento. Por eso, en cuanto comenzaron a tener petrodólares para abrir carreteras, fundar escuelas y rociar con DDT las regiones palúdicas, cuando compararon su paz con las guerras mundiales, cuando vieron llegar legiones de inmigrantes, erigirse rascacielos en lo que habían sido pueblones, se abandonó la idea de marcharse, ni siquiera para buscar (o traerse) a una linda y rubia bisnieta de la trágica Annabel Lee (quien por cierto, era más bien *brunette*, pero Leo no tenía Wikipedia para saberlo). Aunque se pasaran temporadas en Europa, bien por los exilios durante la dictadura militar, o ya por estudiar o simplemente por conocer y gozar, la idea de volver era la común. Al final del túnel, aun en los momentos más duros del «siglo XX corto» venezolano, había la esperanza de que viniera algo mejor. Pero es justo lo que no parece ocurrir cuando empezó a vislumbrarse ese soñado –por Leo y por todos los futuristas del siglo XX– año 2000. José Ignacio Cabrujas, por ejemplo, representa un retorno, en sus artículos y en su dramaturgia, a Pedro Emilio Coll: un hombre que poco a poco duda de las posibilidades del país al que tan intensamente ama como padece. La generación próxima comenzó hasta a dudar del amor. Cabrujas es el cierre del «siglo XX corto» venezolano.

De modo que, entre los modernistas de los 1890 y Cabrujas, podría hacerse un electrocardiograma con las variaciones en la potencia del optimismo, con sus elevaciones y descensos. La Lorena de Miguel Gomes está en lo más hondo. Para ella no hay remedio. Ella es un nudo permanente en la garganta, unas ganas de llorar por todo y por nada, una depresión (y el depresivo se caracteriza por no ver alternativas). Es una vida que se va desmigajando poco a poco, todos los días; una clase media que no puede más, que se va ajando como los muebles, el carro, la quinta, el matrimonio y la calle que ya nadie mantiene. Lorena llora y llora. No sabe el porqué. La suya es la tristeza de quien hunde la cabeza en la almohada y no quiere salir de la habitación. ¡Qué lejos está Lorena de Santos Luzardo o del «preso insomne»! Centrándonos en otra novela emblemática del «exilio» de inicios del siglo XXI: ¿cuál es la distancia exacta entre los dos muchachos de 1898 y Eugenia, la protagonista de *Blue Label/Etiqueta Azul* (2010) de Eduardo Sánchez Rugeles? Preguntar por la distancia entre los personajes de ambos textos es, en buena medida, preguntar por la que existe entre sus respectivos momentos históricos. ¿Es que de verdad el país llegó a cambiar tanto como se creía? ¿Fue que cambió en un momento dado y volvió atrás? ¿Es esta tristeza algo nuevo o es una *tristeza larga*, por robar una frase bolerística (porque a veces nuestra historia suena a bolero)? ¿Será que cada subida en el electrocardiograma es producto de algún embeleco? Tratemos de ver qué puede tener de proceso histórico a largo plazo.

Los muchachos de 1898 venían de una época, la de su infancia y adolescencia, en la que creyeron en un país próspero y encaminado hacia el progreso, el del guzmancismo y los años que inmediatamente le siguieron. En el electrocardiograma era un momento de elevación. Y a ellos les toca la caída en picada cuando el modelo Liberal Amarillo resulta inviable. Esto explica el giro conservador que muchos adoptan (terminarán casi todos como gomecistas); el llamado al sentido común (o al pragmatismo o a la franca resignación) con el que asumen las responsabilidades del poder cuando llegan a la edad adulta, así como su capacidad para tolerar cualquier cosa –por ejemplo, los desmanes del Benemérito– por considerarla, frente a la quiebra nacional («la decadencia», de José Rafael Pocaterra), un mal menor. Incluso explica el cinismo que al final los inocula, haciéndolos emplear su talento para justificar el orden de la Rehabilitación (y de paso, en muchos casos, aprovecharse de la feria de corrupción que significó). Se alegran con triunfos concretos: cinco años, diez años, veinte años sin guerra; mil, tres mil, los ocho mil kilómetros de carreteras que hace Gómez; el pago de la deuda; la inversión extranjera que por fin está viniendo con el petróleo. Por supuesto, también se alegran de sus cuentas en libras o en francos (y poco a poco cada vez más en dólares), sus casas-quinta con piscina, sus viajes a Nueva York, que va sustituyendo como ideal a la Ciudad Luz; sus bonitas hijas que ahora juegan tenis y visten faldas cortas: esas «lindísimas muchachas / del tiempo de ahora [...] falda corta, mejillas carmín / desenvueltas con aire sport [...] y lúbricos esguinces que impone el *fox-trot*», del vals al que también Leoncio Martínez –que evidentemente se ponía algo verde por las jovencitas de 1930– puso letra. Se alegran, pero dudamos que buena parte de ellos llegara a ser de verdad feliz, e incluso muchos, como acaso don Pedro Emilio –quien si bien se desempeñó como diplomático y congresista durante el gomecismo, no fue hombre de negociados ni de fortunas–, se preguntaran hasta el último día si lo mejor no hubiera sido quedarse en París.

¿Será ese el destino de la generación de los protagonistas de *Blue Label/Etiqueta azul*? Los jóvenes de la primera década del siglo XXI, como los que llegaron a la veintena en la última del XIX, también vinieron de una etapa –aún más intensa y larga de sesenta años de crecimiento y mejoras de la calidad de vida– en la que se creyó a Venezuela próspera (de hecho lo fue, al menos en cierto sentido: recibiendo divisas) y encaminada al desarrollo (como ahora se llama lo que hace cien años se llamaba progreso). Es la etapa que tiene su epítome en 1976, cuando Carlos Andrés Pérez, exaltado por la emoción de los precios del petróleo y la nacionalización de la industria, declara el año uno de la «Gran Venezuela», esa que –¡otra vez!– en el 2000 sería una potencia continental. El electrocardiograma del optimismo estaba en su punto más alto: justo aquel desde el que comenzaría a caer. El cuarto de siglo siguiente no fue el de la consumación de la felicidad sino el de la crisis del sistema. Las décadas de 1980 y 1990, es decir, las de la quiebra económica y los golpes de Estado, son aquellas en las que Cabrujas comienza a escribir con el descreimiento de un Pedro Emilio Coll. Y era nada más el principio. Por algo hoy, como en 1898, muchos de los jóvenes de clase media discurren como los Luis Heredia y Ernesto Gómez del cuento de Pedro Emilio Coll. Es cierto que hay otros que han escogido el camino de las luchas políticas para cambiar las cosas con una ilusión y un misticismo de las mejores generaciones de la historia. No sabemos si terminarán con una tesitura moral como la de los gomecistas o se erigirán en creadores de una nueva patria. Solo que ahora, como ciento diez años atrás, para muchos venezolanos la «visa para un sueño» empieza a significar bastante más que una canción.

Hasta acá la literatura nos ha ayudado a identificar el fenómeno. En adelante la historia nos dará algunas pistas para entenderlo, o al menos iniciar un debate para su comprensión.

SOBRE LAS POSIBLES CAUSAS DE LA TRISTEZA

Aunque el problema de la emigración apenas llega a los debates académicos, ya hay estudios que perfilan algunas tendencias. Se ha determinado, por ejemplo, que en sus motivaciones aparecen juntas, en un primer lugar, la imposibilidad de mantener el estatus de los padres con la violencia presente desde mediados de la década de 1980, pero agudizada en los últimos años; sobre todo ella, que a veces sirve como detonante: un secuestro exprés, un asesinato cercano, un atraco en la casa son vistos como obvias y muy comprensibles señales de que lo mejor es partir. En segundo lugar se encuentra un poderoso motivo político: la desconfianza en que el régimen actual[1] pueda ofrecer alguna solución; incluso la certeza de que no solo no ofrecerá ninguna, sino de que es parte esencial del problema.

Son razones poderosas y, hasta donde vemos, legítimas, que todos hemos sondeado alguna vez. Pero si queremos entender el fenómeno con sentido histórico –y la crítica histórica siempre nos obliga un poco a ser abogados del Diablo– habría que sumar otras cosas que por algún motivo no aparecen en las encuestas. Por ejemplo, la sobrevaluación del bolívar hasta, por lo menos, 2012. Gracias a ella emigrar no es solo factible, sino también un buen negocio. Aun con el desesperante control de cambios, fue relativamente barato comprar divisas para enviarlas como remesas (cosa que explica otro aspecto normalmente desatendido: aunque en menor medida que antes, son muchos los que siguen inmigrando a Venezuela; situación que tiende a menospreciarse comparando la formación de los que se van con la de quienes vienen, y eso no sin cierto mohín de superioridad frente a los *negros* antillanos o los chinos que entran). En todo caso, esta suerte de subsidio a nuestra emigración (cuyo volumen está por estudiarse) permite entender por qué la proporción de emigrantes que envían remesas a Venezuela está por debajo de la mitad (46 por ciento), y es casi la misma de quienes no creen estar en capacidad, o no les interesa, ayudar a su país: 48 por ciento (www.tendenciasdigitales.com.ve/Documentos/Latinos_Globales_Resumen_Informe_Encuesta.pdf).

En efecto, la emigración venezolana, como casi todo lo demás en la historia contemporánea, está en algún grado signada por el rentismo. El *quid* de este modelo siempre ha sido la compra de dólares baratos para financiar el bienestar y el desarrollo; dólares que también sirven para financiar, al menos en un principio, a un hijo en el exterior. No decimos

---

1   La primera versión de este texto es de 2011.

que todos los que emigran vuelen sobre la alfombra mágica de las remesas de sus padres (sería, cuando menos, un insulto a tantos que se las han visto muy duras), pero es una variable que los contemporáneos de Pedro Emilio Coll no tenían, y que quizá explica por qué muchos tuvieron que quedarse soñando con París y arreglárselas para imponer orden y sanear las cuentas, aunque fuera de la mano del dictador. Aunque el bolívar era una moneda muy sólida (en la era del patrón oro casi todas lo eran) su relación privilegiada con el dólar llega en la década de 1930. En 1898 muy pocas familias venezolanas podían ganar lo suficiente para mantener a un hijo en el exterior. De hecho, un capítulo poco conocido de la razón por excelencia de la emigración que ocurrió a partir de 1913 –cuando el régimen de Gómez comienza a hacerse de veras duro–, el exilio, es el del drama de los expatriados, que literalmente pasaban hambre y frío en el exterior, con familias que se arruinaban para mandarles algo de vez en cuando. Drama que se hizo casi insoportable cuando los dólares comenzaron a escasear hasta prácticamente desaparecer del mercado hacia 1934, año en que se ensaya el primer prototipo de un control de cambio (que se establece formalmente en 1941).

Pero hay más con el rentismo: a mediados de siglo, ayudó a formar una clase media que llegó a ser verdaderamente próspera y en la que el aporte de los inmigrantes (sobre todo de los europeos que, en grandes cantidades, llegaron entre 1950 y 1980) fue fundamental. Ambas cosas hoy se traducen en oportunidades –doble nacionalidad y cuentas en el extranjero– inéditas en la historia venezolana para emigrar. Por otro lado, el rentismo también puede relacionarse con el desinterés de muchos de los que emigran –sobre todo al principio, porque eso también ha ido cambiando y del mismo modo sería un insulto para los que no actúan así, que son muchísimos– por la suerte de su país. Desde mediados de la década 1980 hasta la primera del presente siglo, la juventud tendió a declararse «apolítica». Tal vez en el deseo de emigrar de algunos haya no poco de esa indiferencia, de esa vocación por evadir compromisos con cierto dejo de superioridad que tuvieron muchos de los abstencionistas del período. Porque lo que llama la atención no es la legítima aspiración por encontrar un destino mejor, de alejar a los hijos de los asesinatos y secuestros, de salvarse de un régimen que no se muestra especialmente entusiasta con las libertades; lo que llama la atención es el desinterés de muchos –acaso demasiados, sobre todo al principio– por los suyos, incluso cuando en muchas *ocasiones* subsidian la partida. Y subrayamos lo de las *ocasiones* porque acá sería especialmente injusto generalizar, sobre todo en la medida en la que cada vez más la diáspora se ha ido comprometiendo y demuestra una musculatura política mayor (porque comprar un boleto para votar, bien en el país o bien en el consulado más cercano, no es cualquier cosa, sobre todo en momentos en los que la crisis ha recortado los recursos de muchos emigrados).

Otro aspecto del rentismo aparece en las facilidades que durante treinta o más años tuvo la clase media venezolana para darse una buena formación, incluso en el exterior; para obtener créditos blandos, educación y salud públicas de calidad. Para los gobiernos que se sucedieron después de 1940, la prosperidad de la clase media era la prueba del éxito del sistema y la vitrina de sus virtudes frente a las otras clases (que solo esperaban su oportunidad para ascender) o los otros sistemas rivales (Cuba desde 1959). ¿Cómo es posible, entonces, que sus bien alimentados, vacunados y estudiados hijos, que nacieron entre finales de los sesenta y mediados de los ochenta, la llamada Generación X, se desinteresaran tanto por la política y por lo social hasta que se les vino encima como un ferrocarril?

Tal vez porque no les informaron esto, porque no sabían su propia historia, porque estuvieron demasiado tiempo bailando música en inglés y al final se creyeron muchachos de Nueva York (o de Miami). Descontemos algunas variables que justifican la «antipolítica», como el desprestigio de los partidos, en la medida en que se fueron vaciando de ideología, cayendo en la corrupción y fosilizando sus estructuras; y de todos modos nos encontraremos con una generación que asumía como normales conquistas que en realidad eran excepcionales, tanto en la historia venezolana como en la del resto de la región; una generación que, con cierta arrogancia de nuevo rico, fue poco agradecida por las facilidades que el sistema había concedido, cosa especialmente crasa en el caso de los hijos de inmigrantes, e insensible ante los problemas de los que no habían corrido su suerte (y de los que muchos se burlaban como *monos* o *niches*); y que, con los bailes y las modas, también copió la despolitización que experimentaron las juventudes de las sociedades occidentales y democráticas en las décadas de los ochenta y noventa, donde todo parecía ya resuelto. Además, la antipolítica se convirtió en ideología, promovida por intelectuales, académicos, empresarios y medios de comunicación; y frente al desprestigio, en gran medida merecido, de los partidos, se vislumbraba como una opción razonable, aunque tal vez un poco, digamos, *presumida* –y lo subrayamos, porque se trata de un aspecto que consideramos central, como veremos–, en boca de quienes no tenían idea de lo que implicaba la administración pública, la estabilidad de un sistema de libertades y la coordinación de sectores a veces contrapuestos en la sociedad. La caída del Muro de Berlín fue entendida también como la de las ideologías y las utopías, lo que tuvo mucho de bueno, pero también de malo, al apartar cualquier mirada trascendente de los debates. Una generación, en suma, propia de los días en los que las *girls just want to have fun* (lo mismo podría decirse de los chicos) o, peor, de aquellos en los que se pedía que «los políticos fueran paralíticos».

Por lo tanto no es de extrañar que segmentos de la población con este perfil no tuvieran respuestas claras cuando el modelo rentista entró en crisis e hizo insostenibles sus estándares de vida; o cuando el sistema político, casi de manera consecuente, colapsó. Tampoco que una de las generaciones mejor formadas de nuestra historia, en la que se invirtió como en ninguna otra (al menos sus miembros más viejos, porque la cosa cambia en la medida en que la fecha de nacimiento se acerca), simplemente no estuviera en la capacidad de hacerse con el liderazgo del país y de moldearlo según sus valores, como se espera de una élite. Es decir, de una élite que quisiera algo más que divertirse. Dentro de todas las calamidades que hay detrás de esta situación que nos hace salir corriendo del país, hay una de carácter sociohistórico que no puede eludirse: el fracaso –acaso momentáneo, en gran medida parcial– de una clase social para imponer un orden ajustado a sus valores. A veces en los procesos históricos hay clases perdedoras (*v.g.* los mantuanos en la Independencia). Eso no significa que aquello por lo que lucharon haya sido necesariamente equivocado; solo significa que no lo pudieron alcanzar, por las razones que sean: por ejemplo, por no haberse ocupado de la política o por llamar *monos* a los demás, o haber sido tan presumida para creerse más segura y capaz de lo que realmente fue o de merecerse cosas que no estaba en condiciones de conquistar por su propia cuenta.

Lo anterior ayuda a explicar el fenómeno del día de hoy, pero nos despista cuando tratamos de entenderlo en una escala más amplia como parte, por ejemplo, de procesos socioculturales que vienen de bastante más atrás.

SOBRE LA LONGITUD DE LA TRISTEZA

Comoquiera que se trata de un fenómeno –hay que insistir en eso– que ya habíamos visto en el *entresiglo* XIX-XX, contamos con algunos autores, como Augusto Mijares y Mario Briceño Iragorry, quienes ya lo habían consignado en varios de sus trabajos. Rafael Tomás Caldera volvió a ellos –es decir, al problema y a los autores– para estudiar a uno de los grandes personajes literarios que se crean entonces, Reinaldo Solar, en su esclarecedor ensayo «Pesimismo y presunción», recogido en su igualmente esclarecedor *La respuesta de Gallegos* (1995). Ante la patente incapacidad que Rómulo Gallegos pinta en Reinaldo Solar para adaptarse a su sociedad; en especial ante su decisión, tan común en los héroes de entonces (*v.g.* Alberto Soria en la ficción y César Zumeta en la realidad, por solo nombrar a dos de los más patéticos), de irse de Venezuela como única salvación, se pregunta Caldera, intercalando citas de Gallegos: «¿por qué estos que se van 'prefieren la lucha y la oscuridad en el país extranjero' y no las pueden resistir en el propio? Lucha por lucha y oscuridad por oscuridad, ¿qué hace mejor ser ignorado en París o en Madrid a serlo en Caracas? ¿Qué podría otorgar a los trabajos y los días en el extranjero, que no se los otorga en la patria? 'Sencillamente –responde Gallegos–, porque aquello es lo fantástico y esto lo real'».

La respuesta de Gallegos se distrae en algunas consideraciones sobre la raza y sus atavismos propias de la ciencia social de su tiempo, pero de escaso valor explicativo el día de hoy. Frente a una especie de tara traída por los conquistadores, el venezolano de hoy que piensa más o menos como Solar puede contraponer razones mucho más claras y contundentes: en todo caso es mejor ser un perdedor en París, pero poder caminar a las once de la noche por la mayor parte de sus calles; a serlo en Caracas y tener que encerrarse a las seis. Es verdad, a veces París –o Barcelona o Miami– adquieren connotaciones fantásticas en muchas cabezas, que suelen estrellarse con sus realidades; como también lo es que muchos se marchan con el espíritu de quien busca El Dorado –razón atávica que esgrime Gallegos– lo que al cabo, de paso, ya no parece tan malo: después del estudio de Demetrio Ramos Pérez sabemos que la búsqueda de la fantástica ciudad de oro tuvo más de moderno espíritu empresarial que de fantasías medievales. De manera que si los atavismos de Gallegos son inverificables y las razones de Solar y sus epígonos actuales parecen bien fundadas, lo planteado pudiera ser un falso problema. Pero no lo es, casi podríamos decir que lamentablemente. Al fondo hay signos históricos y culturales de gran calado que son los que nos interesa destacar.

Con mirada de teólogo, Caldera identifica en la actitud de Reinaldo Solar el *pecado de la presunción*. En el fondo, lo que pasa con el inconstante e hipersensible personaje galleguiano y con la atorrante *sifrina* de Eugenia responde a un problema central en la historia del pensamiento latinoamericano: el de la identidad. Son personajes que no se identifican con su comunidad cultural. No se sienten bien siendo lo que son. No se sienten de acá, sino más bien de los lugares adonde quieren marcharse. Es una característica sobre la que se ha escrito mucho y con la que pueden hacerse muchas derivaciones sobre la subalternidad, la dependencia, la mentalidad colonial, «la dificultad de ser criollo», como la llamó Germán Carrera Damas, pero no nos apartemos de la senda trazada por Caldera. ¿Por qué esa «des-identificación»? Caldera dice que eso les ocurre porque son *presumidos*. Ciertamente, mucho de lo que describimos en la apoliticidad, menosprecio al otro y talante malagradecido en la clase media venezolana respalda esta idea; pero, como se trata de un juicio moral, es recomendable andar con cuidado. Citemos a Caldera:

> Presumir (de *prae-sumere*) es, primero, un *tomar por anticipado*. De allí su significación –en el bajo latín– de invasión (*invasio*) o usurpación (*usurpatio*), esto es, tomar una cosa sin derecho o actuar en la suposición de tener derecho. Finalmente, en el uso actual, presumir es un «adelantarse en el propio juicio sobre sí mismo, con ánimo de jactancia», de allí su sentido de *vanagloria*.
> En el discurso teológico, por otra parte, donde «presunción» designa formalmente un pecado contra la virtud teologal de la esperanza, este *tomar*

por anticipado que constituye el núcleo de su significado se aplica a la anticipación de la bienaventuranza: la infundada seguridad de alcanzar la recompensa eterna sin poner los medios necesarios para ello.

Así las cosas, la pregunta es la siguiente: ¿por qué Eugenia y sus amigos *sifrinos* creen que se merecen vivir como en el primer mundo? ¿Por qué creen que ese es su lugar en el mundo? ¿Qué han hecho para alcanzar esa «bienaventuranza»? ¿Qué los hace sentirse tan seguros de su superioridad frente a los políticos, los «monos»? ¿Por qué no hacen lo que hicieron los norteamericanos y los franceses para tener la vida a la que aspiran, y simplemente desarrollan su país? ¿Por qué, en todo caso, no esperan al camino largo del trabajo y las realizaciones? Como cada vicio tiene su antídoto en alguna virtud (por ejemplo «contra lujuria, castidad», «contra gula, templanza»), Caldera ofrece la muy teologal de la esperanza. La esperanza es la que impide el deseo de tomar por anticipado lo que aún no nos corresponde, es la que evita que nos enfurezcamos por no tener lo que queremos cuando no lo tenemos ya en nuestras manos, ni hacemos lo suficiente –precisamente porque no tenemos esperanza de que dé resultado– para obtenerlo.

No es nuestro asunto entrar a analizar lo que de pecaminoso e inmoral pueda haber en el fenómeno que estudiamos (no somos quiénes para ponderar quiénes irán al Cielo y quiénes no); lo que nos ocupa es la manera como esas ideas y valores, esa confrontación de presunción con esperanza, encierran un signo histórico. Nos explicamos: muchos podrían contestar, y no carecerían de argumentos, que sus padres trabajaron y ellos han estudiado lo suficiente como para esperar una vida mejor; y que bien lucharían acá si vieran alguna perspectiva en el horizonte. Otros también podrían contestar que están dispuestos a hacer grandes sacrificios, pero solo en un lugar donde tenga sentido hacerlo (en el fondo, el móvil de muchas de las grandes migraciones en el mundo de los siglos XIX y XX). Por supuesto, no son pocos –al contrario, son un montón– los que no han superado la actitud adolescente de Eugenia, quien simplemente se siente merecedora de ventajas por las que no parece dispuesta a trabajar, por lo menos no social, políticamente, pero eso no le quita razones contundentes al conjunto. No es el caso en este momento determinar hasta dónde la tienen o hasta dónde son solo presunciones; detengámonos en lo que vibra al fondo de todos ellos: la falta de esperanza.

El problema presunción-desesperanza, entonces, que pronto se traduce en el de identidad-desidentificación, tiene un hilo histórico conductor: el de las tensiones entre un proyecto de país asociado a la modernidad y asumido en grados variables por las élites, y una realidad que siempre le ha puesto muchas trabas. Es el proyecto que parece funcionar en el «siglo XX corto» venezolano –y por algo sus testimonios son un poco más alentadores (y a veces francamente entusiastas)–, pero que para los días de Solar parecía inalcanzable y para los de Eugenia otra vez parece liquidado. Es, por último, la imposibilidad de vivir de acuerdo con ese proyecto, con sus valores, lo que hace que esos latinoamericanos como Eugenia se desidentifiquen con sus sociedades. Con ellos mismos.

Por supuesto, el proyecto en sí puede ser la suma de toda la presunción: ¿a título de qué podía replicarse el proceso vivido por el mundo noratlántico? ¿De dónde sacan los criollos que podrían convertirse en «la Francia del sur», como dijo Guzmán Blanco; o los «yanquis del sur», como pidió Justo Sierra? Es mucho lo que se ha escrito sobre esto, sobre todo por lo que el proyecto ha tenido de fracaso. Desde el primer momento se habló de unas tensiones que lo hacían inviable entre «civilización» (como Europa) y «barbarie» (como lo vernáculo), de constituciones orgánicas y constituciones de papel y así se siguió hablando hasta llegar a los bloques populares contra bloques de las élites, culturas dominantes y de la resistencia. Primero se puso la culpa en los sectores «populares» (es que eran unos incapaces para inscribirse en la modernidad: eran unos «bárbaros»); después en los «civilizados» (es que el proyecto en sí era imposible). En la actualidad, con todo el despliegue de un movimiento a favor del rescate de lo popular, del indigenismo, de los afrodescendientes, de los excluidos, en función de construir un socialismo vernáculo, el problema adquiere, en lugares como Venezuela, Argentina y Bolivia, una potencia pocas veces igualada en el pasado.

El rescate de lo vernáculo, entonces, para desmentir el proyecto europeizante, *moderno*, después de que la generación del *entresiglo* comprendió que no podíamos ser los franceses ni los «yanquis del sur», ya fue ensayado por hombres como Laureano Vallenilla Lanz con sus tesis del cesarismo democrático y por los historiadores argentinos de las décadas de 1930 y 1940, que trataron de volver un héroe al gran malvado de la historiografía liberal anterior, Juan Manuel Rosas. Dejémonos de tonterías –parece haber sido la prédica de ambos–; lo que corresponde a nosotros es un tipo de cesarismo exaltado por nuestro pueblo y capaz de domeñar nuestra realidad. Lo demás son ingenuidades. Setenta u ochenta años más tarde (ese «siglo xx corto»), tal parece que ante las falencias de las democracias más o menos liberales que se extendieron en la década de 1980 y las reformas de mercado («neoliberales») de los noventa, fue desempolvado el argumento, ahora con un poco de maquillaje de marxismo. Así, aunque guardando las justas distancias entre ambos ejemplos, Noberto Ceresole pudo convertirse en asesor de Hugo Chávez en su primera etapa, y Cristina Fernández de Kirchner decretó en 2011 un Instituto Nacional de Revisionismo Histórico Argentino e Iberoamericano. Son procesos que están en desarrollo, pero al menos nos sirven para atisbar que, presumida y todo, cuando Eugenia quiere salirse corriendo a Francia, está nomás escenificando otro capítulo de una historia más larga y complicada que, a lo sumo, lo que ha hecho es intensificarse en nuestra hora actual.

LA LARGA TRISTEZA

Para muchos en Venezuela, el paso de la presunción a la desesperanza se dibujó a finales del siglo xx e inicios del xxi de una forma más dura que en el *fin de siècle* anterior. Aunque la clase media acompaña en un principio a Hugo Chávez, pronto –si se da crédito a todas las encuestas y a los resultados electorales vistos por circuitos– entiende que los valores que el chavismo encarna y los planes que trae no son compatibles con sus aspiraciones. Cuando en 2007 Chávez se declara finalmente socialista, la ruptura no tiene vuelta atrás, por mucho que el deslinde haya arrancado con la Ley Habilitante de 2001, con la que se dan los primeros pasos incontrovertibles hacia el debilitamiento de la propiedad privada y el retorno al estatismo, abandonado con las reformas neoliberales de los noventa. En buena medida la rebelión de los gerentes de PDVSA en 2002 fue la de unos valores asociados a cierta forma de modernidad occidental que tenían su núcleo, más que en ninguna otra parte, en la industria petrolera. Es algo en lo que han insistido mucho los chavistas cuando los llaman «antinacionales» y «pitiyanquis». Su derrota, por lo tanto, tiene una gigantesca dimensión sociohistórica.

El objetivo no es aquí determinar si las conclusiones a las que llegó un sector mayoritario de la clase media fueron las correctas. Pero resultó evidente que en la sociedad venezolana había otros estratos, en demasiados casos inadvertidos (cuando no objeto de franco desprecio: ¿o qué otra cosa expresa el que los llamaran *monos*?), con unas vivencias, unos valores y una sensibilidad diferentes, aunque tal vez no tanto como la polarización hace parecer; y con una capacidad –al contar con el liderazgo apropiado–, insospechada para imponerse (a pesar de que ya había ocurrido antes, por ejemplo en el trienio). Para ellos la propuesta sí fue capaz de generar esperanzas. Tampoco es el caso determinar cuán equivocados puedan estar.

Entre 2002 y 2006 la oposición venezolana, entonces básicamente de clase media, sufre una sucesión de derrotas, algunas descomunales, en el empeño de sacar a Chávez del poder. Es notable que, tan rápido como en 2007, en vez de haber desaparecido –si se considera la cantidad de recursos que recibió el gobierno; el modo como los empleó para aumentar el consumo, en especial el de los más pobres, y el desprestigio del régimen anterior y sus «políticos»– ganara sus primeras elecciones y empezara a cosechar otros triunfos, mayores o menores, en los siguientes años.

¿A qué viene esto? A que a los motivos ya presentes para emigrar (y en ocasiones desentenderse del país) hay que sumar el de la derrota política. Aún no en el sentido de que el exilio sea un fenómeno muy numeroso (a pesar de que ya son unos cuantos los venezolanos que han pedido y obtenido asilo en el exterior). Pero impulsos aparentemente no políticos para partir, como las mejores oportunidades de trabajo (o incluso un trabajo, a secas), pueden asociarse con trances políticos como los de los despidos de PDVSA o la expropiación de la empresa que se posee o en la que se trabaja. O la completa desconfianza (desesperanza) en que el gobierno pueda o quiera evitar que se sea víctima de un atraco (muchas veces, de otro más).

Al mismo tiempo, la desidentificación es impulsada deliberadamente por ciertos sectores. «Que se vayan» ha sido un lema de algunos grupos; utilizado con particular saña contra los inmigrantes y sus hijos, especialmente si son blancos y europeos: «que se regresen», por no hablar de las agresiones a la comunidad judía. No parece haber especial xenofobia –mucho menos antisemitismo– en el venezolano promedio, pero, aparentemente, hay quienes han querido fomentarla con fines políticos.

Como vemos, esta historia de presunciones, sus esperanzas y desesperanzas está en pleno desarrollo; es un tema de «historia inmediata» o, mejor, un tema que dibuja la actualidad de un proceso muy largo que manifiesta cierta unidad y por el cual la tristeza, la desesperanza que vemos en ciertos personajes ficcionales e históricos, es una que a lo sumo se expande o se repliega según las circunstancias. Es, también, una advertencia sobre los juicios morales que puedan hacerse, tanto para el que se marcha con cierto mohín de superioridad, creyendo que no tiene ninguna responsabilidad con lo que deja atrás, como para el que evalúa con severidad al emigrante que quiere poner a salvo a su familia del país con la inflación y con uno de los índices delictivos más altos del mundo. Es una «tristeza larga» (como la frase del famoso bolero) y también una larga esperanza; es una historia moral e ideológica: la historia del país que se ha soñado y del que hemos podido, para bien o para mal, vivir.

Debates IESA, vol. XVI, n.º 4, octubre-diciembre 2011, pp. 90-93

¿EXISTE EL FRACASO HISTÓRICO?

¿Es posible que una sociedad entera fracase? Más aún, de serlo, ¿qué puede significar sociológica, cultural, históricamente el fracaso? Hay una rama o género historiográfico en la que esto, al menos de manera tangencial –porque no espera llevar sus conclusiones a toda la sociedad– ocupa el interés de los investigadores: el de la historia empresarial. Atenta a las historias de éxitos y fracasos, busca lecciones en los aciertos y desatinos con los que los gerentes («la mano visible» de la gerencia, de la que habló Alfred Chandler) del pasado llevaron a sus respectivas organizaciones a la cúspide o al abismo. Tales lecciones –eso se espera– pueden ayudar a los gerentes de hoy a tomar sus decisiones. Sin embargo, las cosas cambian cuando se amplía la escala a todo un país.

El día de hoy, son muchos los que ven la historia de Venezuela durante el último medio siglo como un fracaso. Tanto el del Estado bolivariano, que solo tiene admoniciones para el período inmediatamente anterior a él, como el de los sectores opuestos, que ven en la persistencia de ese Estado la prueba más clara de un fracaso general. Sondear este problema va más allá de una reflexión teórica que solo ocuparía a un investigador: implica adentrarse en un estado de ánimo muy generalizado, a partir del cual los venezolanos evalúan el día de hoy y, más importante aún, toman decisiones. Hacerlo implica también algunos riesgos.

Aparentemente, al estudiar una sociedad no se cuenta con ese baremo del éxito y el fracaso del que disponen quienes estudian las empresas: su capacidad para sobrevivir de manera rentable en medio de los cambios y las adversidades. En todo caso, el asunto viene a cuento por dos libros publicados en 2009: *España, historia de un fracaso*, de Fernando Orbaneja

(Ediciones B), y la compilación de sueltos de José Ignacio Cabrujas (1937-1995), *El mundo según Cabrujas* (Editorial Alfa), que reúne textos de este dramaturgo, actor, guionista y ensayista, quien afirmó que el tema que siempre le importó fue el del fracaso (y a renglón seguido no dejó de escribir sobre Venezuela)... No son libros académicos, son posturas personalísimas y deliberadamente polémicas; pero sirven para reflexionar sobre hasta qué punto, de verdad, las cosas han ido tan mal y en qué consiste eso de que hayan ido así.

EL BOCHORNO NACIONAL

Venezuela, al menos su república desde 1830, ha sido para Cabrujas un gesto fallido. Pocos autores, en su tiempo, llegaron a conclusiones tan desalentadoras, demostraron una desesperanza tan grande: «Creo que la sociedad venezolana, y me refiero a la sociedad en sentido de grupo humano que establece ciertos compromisos, está basada en una mentira general, en un vivir postizo. Lo que me gusta no es legal. Lo que me gusta no es moral. Lo que me gusta es un error. Entonces obligatoriamente tengo que mentir. No voy a renunciar a mis apetencias, a mi 'verdad'. Voy a disimularla...» (p. 51).

Cabrujas llama a Venezuela «bochornoso, caótico, incoherente pero amado país» (p. 255) y el resto de sus habitantes, de sus coterráneos, lo aplaude ahora, como ya lo hizo en vida, a rabiar, considerándolo un intérprete esclarecido de nuestra realidad: en suma, le dio –y le sigue dando– la razón. Por supuesto, no se trata acá de regateársela, al menos en parte. Lo que tenemos de impostura es insoslayable: eso que Germán Carrera Damas, con más aperos teóricos, llamó «la dificultad de ser criollo», y que J.M. Briceño Guerrero, desde una clave filosófica, identificó en la condición de «europeo segundo», de hijo de europeo, criado como europeo fuera de Europa, tiene que ver mucho con esto, en una condición, digamos, *esencial*. Sí, del anhelo de ser europeos, fuera de Europa, surge el empeño de reproducir a Europa, primero soñando con una Nueva Valencia, una Nueva Segovia, una Nueva Zamora y una Nueva Londres (o, lo que es lo mismo, Valencia, la mediterránea, pero a las orillas del lago Tacarigua;

Zamora, pero frente a los palafitos paraujanos de Maracaibo; Segovia, sin su alcázar ni su acueducto, en la tierra de los jiraharas; Londres, pero fundada por libertos que a lo mejor escogieron el nombre solo por contrariar a las autoridades españolas, en los alrededores de Nirgua) y luego soñando, con franco rastacuerismo (¿y hay algo más criollo que eso?), en una «París tropical». De esa angustia hay tanto escrito que no es necesario insistir. Tal es la condición del criollo (y del acriollado: el indio, el negro, el pardo que en dos generaciones ya piensa, se viste y actúa como criollo, acaso para escándalo de los criollos, como ese zambo *londinense* en las montañas de Nirgua) y tal es su sino.

Como la historia no se repite, las nuevas Segovia, Zamora, Londres o París no podían ser las mismas que sus modelos. Hasta allí una verdad de Perogrullo. Pero una verdad que no estaba tan clara en la cabeza de quienes echaron a andar esos proyectos y que después se mostró dolorosa, decepcionante, cuando estalló en toda su dimensión. Cien años antes de Cabrujas, toda la generación de los positivistas llegó a sus mismas conclusiones. Es el retintín de Laureano Vallenilla Lanz. Con su tesis sobre la diferencia entre las constituciones de papel (esas que sueñan con Estados liberales modernos) y las positivas (esos valores, no escritos ni públicamente admitidos, que conducen a un «césar democrático», a un «gendarme necesario») no hizo sino basarse en ello: en la distancia entre los principios soñados e imitados y lo que somos en verdad.

¿SOLO UNA SENSACIÓN?

Tanto Cabrujas como los positivistas estaban en el final, aparatoso, traumático, de dos períodos en los que esos valores europeos («civilización», «progreso» los llamaron en el decimonono; «modernidad» se diría hoy) parecían haber triunfado para, después, así lo sintieron, empujarnos al desengaño: la república democrática liberal nacida en 1958, ese «siglo xx corto venezolano», para Cabrujas; y el guzmancismo, para los positivistas.

Las crisis en las que recalaron ambos regímenes, la decepción que sintieron por su entorno, la duda por las posibilidades ciertas de alcanzar sus sueños, hicieron a los venezolanos llegar a conclusiones similares; incluida esa de olvidarse de la república liberal por un rato y lanzarse a los brazos de un césar democrático que resolviera las cosas, llámese Juan Vicente Gómez o Hugo Chávez. Cabrujas, que simpatiza con el golpe de 1992, rápidamente rectifica su postura; pero nada indica que el grueso de quienes lo leyeron y aplaudieron haya obrado igual. Por lo menos no al principio. Es más, muy probablemente el diagnóstico tan desolador –justificado, por demás, en muchas cosas– que hicieron hombres como él –en artículos de prensa, programas de opinión y hasta telenovelas– o hasta como Arturo Úslar Pietri, a quien muchos señalan como comprometido con los golpes de aquel año (sin pruebas concretas, es verdad, y a contrapelo de la distancia que al tiempo tomó de los alzados), allanó el camino para que al final votaran por quien prometía un cambio rotundo, radical.

Ni Cabrujas ni Úslar Pietri, según se desprende de sus testimonios, hubiesen querido tal desenlace. Tampoco se les puede endilgar de nada por acusar a un orden de cosas que estaba muy mal: quien escribe, da clases o habla por la televisión no puede garantizar las conclusiones que, con sus argumentos, sacará el auditorio. Pero en todo caso, ahora resulta evidente hacia dónde apuntaba el ambiente. ¿Qué distancia hay, por ejemplo, entre ofrecer una paila de aceite para la cabeza de los políticos y soñar, acaso de forma algo más piadosa, con que «sean paralíticos»? ¿Cuál es la diferencia sustancial entre la parálisis de los políticos y la parálisis de la política que, por ejemplo, logró un Gómez? ¿No fue el Benemérito quien hizo de la «política» una mala palabra para «los hombres de trabajo»?

¿Se repite la historia? No, insistimos: nunca lo hace. Es una misma historia en un lapso tan corto como el de ciento cincuenta años. Es un mismo pueblo, con una misma experiencia intelectual, sociocultural, con un mismo objetivo (en dos momentos diferentes de su desarrollo, la modernidad) en dos coyunturas distintas, pero dentro de una misma historia. Si la historia no se repite (Gómez y Chávez no son Julio César, ni los chavistas la gente del Partido Popular romano), sí lo hacen ciertos fenómenos humanos, como la búsqueda de un salvador cuando la república entra en barrena. No hay dos Julio César, pero sí hay muchos cesarismos. A veces se le pone el adjetivo «democrático», por aquello de la democracia directa con el líder. A veces se le llama «hiperliderazgo», casi por las mismas razones.

Pero el fenómeno es el mismo. El teórico Vallenilla Lanz lo decía por la ineficiencia de un Estado liberal; y el teórico Juan Carlos Monedero por la inexistencia de un Estado revolucionario y habla, de hecho, de un «cesarismo progresista».

La sensación de fracaso de los venezolanos de los *entresiglos* XIX-XX y XX-XXI respondía a la imposibilidad de alcanzar determinados ideales y a la convicción de que todo lo que se creía avanzado hacia ellos fue un embeleco, una impostura. Sumergidos en las angustias de sus momentos críticos, olvidaban que la sociedad venezolana había alcanzado las metas trazadas, al menos muchas de ellas: consolidar la república, la nacionalidad y la burguesía; sofocar las tensiones raciales, en 1870; garantizar la paz y generar crecimiento, en 1908; sentar las bases para una sociedad democrática y capitalista, en 1958. Esto pone el balance más hacia el éxito que hacia el fracaso, por mucho que un venezolano agobiado por la delincuencia, las deudas, la inflación, las turbulencias políticas y el miedo no pueda, legítimamente, verlo así o, viéndolo, encuentre poco consuelo en ello.

La sensación de que lo avanzado fue solo una impostura, si bien tiene asideros reales (¿cuán democrático es un sistema en el que los electores votan por listas cuyos nombres desconocen, en el que los ciudadanos tienen muy pocas herramientas para reclamar sus derechos ante el Estado y en el que las élites se reúnen y toman decisiones por sí solas? ¿Cuán civilizado es un país con palacios de estuco y gobernado por una especie de déspota ilustrado, con bulevares a la francesa que desembocan varios metros más abajo en una pica de indios?) parece basarse en unas expectativas desproporcionadas –como hemos dicho en el trabajo anterior, una «presunción»– propias del pensamiento criollo empeñado en compararse con Europa y no consigo mismo. Visto lo que era Venezuela en 1870, podía sorprender que, si bien al costo de perder la mitad de su territorio y fracasar estruendosamente en su modelo económico, siguiera como unidad nacional en 1900. Visto lo que era Venezuela en 1958, puede sorprender que en cuarenta años haya logrado hacer del voto –al menos del voto, y ahora cabe preguntarse por cuánto tiempo más– un valor, así como de la libertad de expresión; que haya logrado abatir el analfabetismo, integrar el territorio, nacionalizar el petróleo, casi duplicar la esperanza de vida, crear una élite técnica, explotar los grandes recursos naturales de Guayana e iniciar una industrialización que, si no ha ido tan bien, al menos dejó algunos activos. En ambos casos, el problema estuvo en consolidar el capitalismo y las instituciones liberales, lo que no es poca cosa, y en ambos casos hubo avances importantes hacia esas metas. Por eso proclamar, sentir su fracaso, termina conduciendo a alguna forma de cesarismo.

TAXONOMÍA DE LOS FRACASOS HISTÓRICOS

¿Es posible, entonces, que una sociedad entera fracase? La sociedad venezolana ha tenido fracasos, entendidos como incapacidad para alcanzar ciertas metas; pero, ¿un fracaso general, estructural? ¿Valdría decir que lo ha sido el no poder ser completamente europeos, según el anhelo criollo? ¿Ha sido eso un fracaso como, por poner dos casos tan recientes como famosos, lo fueron el ensayo comunista en Rusia o los intentos de Alemania por volverse el hegemón mundial en 1914 y 1939?

En un *best seller* del geógrafo Jared Diamond, *Colapso: por qué unas sociedades perduran y otras desaparecen*, se pone el fracaso en otra parte, cercana a la manera como lo concibe la historia empresarial para sus objetos de estudio: en la incapacidad para adaptarse a los cambios, sobrevivir e incluso crecer. Según el autor, quien ya había hecho una amplia reflexión sobre la historia universal en su *Armas, gérmenes y acero*, un conjunto de sociedades, en un momento determinado, tomaron decisiones catastróficas que las llevaron a desaparecer: la maya, la noruega de Groenlandia, la de la isla de Pascua, entre otras. Todas habían sido muy exitosas y llegaron a grados muy altos de desarrollo, cada una a su escala y de acuerdo con su universo cultural. Sus decisiones catastróficas fueron, fundamental aunque no únicamente, tomadas en relación con el ambiente, cosa que lo lleva a la angustia que vibra al fondo del libro: la actual civilización de corte occidental, que de un modo u otro se extiende o influye de manera decisiva en todo el planeta y ha llegado a un altísimo grado de desarrollo, también está tomando decisiones claramente catastróficas con su ambiente. ¿Será su destino el de los mayas?; o, mejor, viéndola bien: ¿por qué su destino no será el de los mayas?

Sin tomar, ni mucho menos, a Diamond como una autoridad última, pero dándole vuelta a sus ideas, ¿ha tomado decisiones catastróficas la sociedad venezolana en los últimos cuarenta o treinta años? En términos ambientales, muchas. He ahí el recuerdo de la selva de Turén, ya completamente talada; la contaminación de casi todos los ríos del centro del país; la extinción sucesiva de varios productos: las perlas, el dividive y algunos más, o la erosión que varios milenios de conuquismo han dejado. Pero, en todo caso, son problemas que se insertan en otros más amplios de la civilización moderna. En cuanto a lo que preocupa de manera más inmediata, lo que a Cabrujas le generaba tanta desazón y a muchos de sus lectores les hizo buscar una solución cesarista: ¿cómo es posible que al cabo de los años más prósperos, libres y pacíficos de la historia venezolana (lo cual no quiere decir que lo hayan sido en términos ideales, sino comparados con lo ocurrido hasta entonces) se llegara a tal sensación de fracaso?

Para mediados de la década de los noventa muchas de las promesas de 1958 parecían incumplidas. No era de un todo así, pero las expectativas que generaron los primeros logros del sistema en sus tres décadas anteriores en bienestar, crecimiento económico, infraestructura, industrialización no pudieron sostenerse. Al final muchos se revirtieron –sobre todo en los planos de ascenso social y bienestar–, el modelo económico se hizo inviable y la clase política estuvo poco dispuesta a desencadenar la renovación requerida. Cuando se ensayó una reforma «neoliberal», esta resultó lo suficientemente traumática como para que nadie con intenciones de ganar unas elecciones se atreviera a continuarla; de hecho, los venezolanos votaron sucesivamente por quienes prometieron suspenderla: Rafael Caldera, a la cabeza de una alianza de partidos en 1993, y Hugo Chávez, prácticamente a la cabeza de la misma alianza, en 1998. Esto no los hace similares, pero sí los mete, al menos en este aspecto fundamental, en la misma línea.

¿Dónde pudo estar lo catastrófico, si es que lo hubo? Diamond ofrece –muy a la norteamericana– un «mapa para el éxito» que, de no seguirse en algún grado, puede llevar a sociedades enteras hacia el fracaso. A su juicio, los desvíos de la ruta trazada son: incapacidad para prever un problema en ciernes, porque la sociedad carece de una experiencia anterior que le dé pistas al respecto; incapacidad para percibir un problema ya existente, a veces porque empieza a manifestarse de manera muy tenue, casi imperceptible, y se desarrolla tan lentamente que la sociedad va acostumbrándose a él, hasta que ya no lo puede manejar; y, por último, incapacidad para enfrentar y resolver el problema, una vez percibido, por las razones que fueran.

Desde 1958 Venezuela pasó por estas tres estaciones. Por ejemplo, era difícil prever en 1973 las consecuencias últimas del auge petrolero o la velocidad del crecimiento de Caracas (los cambios socioculturales de la acelerada urbanización, en el sentido de traslado a las ciudades, sobre todo de población campesina). Aunque hubo voces de alerta, a las cuales el tiempo terminó por darles la razón, como las de Juan Pablo Pérez Alfonso, D.F. Maza Zavala, el mismo Úslar Pietri e incluso un muy joven Asdrúbal Baptista, a mediados de la década de 1970 era muy difícil que el resto de una sociedad optimista –feliz por años de abundancia y por la evidencia de que cada generación, desde hacía unos cincuenta años, vivía mejor que la anterior– fuera sensible a sus advertencias. Como nunca había ocurrido nada igual, no había por qué creer que los resultados serían los de los «profetas del desastre» y no, como hasta entonces había sido, los mejores posibles. Que un obrero venezolano ganaba más que un japonés, siendo muchísimo menos productivo; que los dólares muy baratos a la larga matan el proyecto de industrialización; que comprar una nueva quinta en el sureste de Caracas, o invadir un cerro quizás al lado de esa quinta, estaba llevando a un caos urbanístico, todo eso es más fácil de aceptar –cuando los embotellamientos, el aumento de la temperatura (ya Caracas no es la de «la eterna primavera», de 19 o 20 grados todo el año), la quiebra de las industrias o un control de cambios que, en la práctica, le ha quitado la convertibilidad al bolívar, nos envuelven– de lo que podía serlo a finales de la década de 1970.

Era muy difícil percibir, sin el concurso de estadísticas y estudios detenidos, que hacia 1978 el crecimiento económico se había frenado, cuando a todos, a su escala, les sobraba dinero en el bolsillo; que las industrias no estaban generando un desarrollo autosostenido, cuando Valencia y Maracay estaban cambiando su faz con la inauguración sistemática de fábricas; o que la delincuencia estaba empezando a ser un problema. Lo de la delincuencia es emblemático: las clases media y alta simplemente no sentían algo que, si bien no es resultado exclusivo de los barrios, empezó a sentirse primero en ellos, y por eso no hizo nada al respecto.

En 1966 ocurre en Venezuela un hecho trascendental para la cultura popular: aparece el disco de la orquesta Federico y su Combo titulado *Llegó la salsa*. Es el álbum que bautiza a ese género musical, lo cual lo hace un hito en la industria pop planetaria. El tema que pegó y hoy es un clásico fue la historia de un muchacho de barrio al que lo meten preso en una redada, aunque sin ser del todo un *malandro*: Cocolía. ¿Cómo percibieron en las urbanizaciones entonces sin rejas del este de Caracas lo que esto significaba en los cerros? En ellas oían (¿la impostura de la que hablaron Cabrujas y Vallenilla Lanz?) a los Beatles y a lo mejor nunca se enteraron de ese Cocolía, al que agarra la policía. Cuando los hijos y nietos de Cocolía empezaron a atracarlos, tal vez ya era muy tarde.

Algo similar ocurrió con el sistema de educación pública y con los hospitales. Desde los colegios administrados por congregaciones religiosas (cuyas vocaciones la clase media tampoco se encargó de fomentar) o desde las clínicas modernísimas que empezaron a fundarse en la década de 1950, aquello era algo lejano y ajeno. Durante treinta años y gracias a la renta petrolera, Acción Democrática logró darles paliativos a aquellos para quienes los problemas sí eran inmediatos y propios, pero eso no pudo sostenerse cuando la renta cayó y el partido –con hegemonía cercana a la de un partido único– empezó a deteriorarse en su eficiencia, honestidad y miras ideológicamente trascendentes: la crisis de la democracia fue, en gran medida, la crisis de AD.

Tampoco, a pesar de la Copre y su muy meritorio trabajo en la década de 1980, se hizo general la advertencia, hasta que en 1989 se comprendió que el sistema era insostenible, que había que cambiar. Siguiendo a Diamond, esto pudo responder a lo que llama una «conducta racional inadecuada», categoría que toma de la politología; es decir, racionalmente se puede decidir, por ejemplo, no hacer nada. Volviendo a lo de los obreros poco productivos, las felices familias que compraban quintas en zonas poco apropiadas o el dólar barato, ¿cómo puede tomar decisiones necesarias, pero muy impopulares, alguien que quiera ganar elecciones? Carlos Andrés Pérez, quien tanto había fomentado prácticas desastrosas de despilfarro y débil legalidad, creyó en 1989 que su popularidad era suficiente para emprender los cambios. Los resultados que obtuvo –pérdida del poder, resquebrajamiento del sistema por el Caracazo y los golpes de 1992– persuadieron al resto de los políticos de apartarse de esa dirección.

Fracasos compartidos, esperanzas comunes

La responsabilidad, por lo tanto, no fue –o no fue solo– de los políticos, sino de toda la sociedad. De hecho, la revolución de Hugo Chávez fue, al menos al principio y para muchos de sus seguidores, una típica «revolución moderada» (o un populismo conservador): un alzamiento en contra de unas reformas, para volver a un estado de cosas que se sentía perdido y se creía superior. Esto no significa que el único camino sea el neoliberal ni que Chávez no haya promovido después innovaciones de envergadura, como la de crear un socialismo que sueña distinto del soviético, indistintamente de que a veces se le aproxime bastante o de que enarbole algunos de sus símbolos, pero sí que sea plenamente identificable el fenómeno de la racionalidad inadecuada en el «fracaso» venezolano.

¿Puede, entonces, una sociedad entera fracasar? Sí, y casi del mismo modo como puede fracasar una organización, al fin y al cabo microcosmos de una sociedad. ¿Ha fracasado la sociedad venezolana? Aún no se sabe: se encuentra en una crisis, honda, desesperante para quien está en medio de una cola y siente escalofríos cada vez que se le acerca un motorizado o comienza a oír en la radio una cadena presidencial; para la madre que no duerme porque ya es medianoche y su hijo adolescente no llega; para quien oye el rumor de que su empresa se va del país; para quien tiene semanas esperando la subvención de su misión y supo que ayer asesinaron al hijo de una vecina. A pesar de las sorpresas de la historia –¿cuál mayor, por ejemplo, que la muerte de Hugo Chávez, inimaginable cuando este texto se redactó por primera vez?– lo que haga esa madre, ese chofer, ese adolescente, ese enrolado en una misión, determinará el desenlace de lo que estamos viviendo. Es de algún modo lo que podemos tomar de las generalizaciones de Diamond. Es, a lo mejor, lo que Cabrujas nos quiso impulsar a hacer.

Debates IESA, vol. XIV, n.º 4, octubre-diciembre 2009, pp. 90-93

LA REPÚBLICA DE DOS SIGLOS

En 1963, cuando Mariano Picón Salas publicó su balance de la historia de Venezuela («La aventura venezolana», inserto en *150 años de vida republicana, 1811-1961*, que publicó la Presidencia de la República), lo hizo con el ánimo de encontrar algunas pistas sobre su destino como nación: «Desde que Andrés Bello –señala en la primera línea–, al final de la Colonia, escribía un resumen de la historia del país, los venezolanos nos hemos inclinado a ver el recuento de nuestro pretérito como anuncio y vaticinio de porvenir».

Ni quien escribía ni el momento ni la obra deben pasar inadvertidos. Venezuela no solo acababa de cumplir siglo y medio como república –en realidad cumplía 130 años, pero la fecha de 1811 siempre ha sido más emblemática que la muy compleja y aún polémica de 1830–, sino que además lo hacía coincidiendo con el final del primer período constitucional del sistema democrático inaugurado en 1958. Aquello era visto como el signo promisorio de nuevos tiempos, como el desenlace feliz de una prolongada aventura, esa «aventura venezolana» de la que habló Picón Salas y que, a pesar de sus avatares, sobresaltos y tormentos (¡así son todas las novelas de aventura!), parecía llegar al buen puerto de la normalidad institucional y republicana. Picón Salas sabía lo que decía: era una aventura, precisamente, por haber sido una historia *a la ventura* (de ahí viene la palabra); es decir, llena de contingencias, indistintamente de que algunas pudieran ser felices (recuérdese que *ventura* también es felicidad, esa deparada por la fortuna y los dioses; por ejemplo el petróleo, acaso lo más venturoso de la historia venezolana).

Hoy, a 47 años de ese ensayo y ya casi a 200 de vida republicana, las posibilidades de un balance resultan bastante más complejas. Una coincidencia de casi todos los venezolanos en torno a una determinada evaluación del presente, como ocurrió en 1960 o en 1963, es casi imposible. Entonces la abrumadora mayoría refrendaba lo dicho por Picón Salas, acaso como expresión de un proyecto generalmente compartido. Ahora los caminos se bifurcarían. Al mirar históricamente el punto en el que estamos parados, una parte afirmaría que, con una revolución socialista –sea lo que se entienda por tal– en marcha, está consumándose nuestra historia con el éxito, estamos finalmente saliendo de la *aventura*; mientras que la otra, y acaso por el mismo hecho de la revolución, barrunte que tal vez lo más intenso de aquella aventura esté por comenzar. Tales divergencias en la visión del futuro son, en gran medida, también divergencias en la visión del pasado. Recordemos que toda historia es contemporánea en el sentido de que es investigada, escrita y evaluada desde las angustias y las inquietudes de cada generación. Por eso, el historiador que hoy ensaye un balance del período que media entre el intenso bienio 1810-1811 y la actualidad, sobre todo si lo intenta con la pretendida asepsia que tiene por norte la historiografía académica, enfrenta un reto enorme. Debe, en principio, identificar algunas claves –si las hubiere– para comprender a la república venezolana e intentar, con ellas, una evaluación de conjunto, algunos indicios de sentido. Las siguientes páginas esperan ser una contribución a este cometido.

EL PASADO COMO VATICINIO Y LA CONFIANZA EN EL PORVENIR

150 años de vida republicana, 1811-1961 es un libro emblemático. Sus autores fueron hombres completamente comprometidos con el modelo de país iniciado en 1958 y la obra fue escrita como un esfuerzo intelectual para apuntalarlo. A pesar de las victorias militares que entonces el Ejército tenía sobre las guerrillas y del formidable éxito político que representaron las elecciones de 1963, masivas y generalmente aceptadas, en las que un civil le entrega el poder al otro dentro de un marco institucional, y encima siendo los dos del partido de gobierno; la necesidad de ubicar el proyecto democrático-liberal-populista de Acción Democrática en el conjunto de la historia venezolana y de, valga el término, *legitimarlo* dentro de una tradición centenaria continuaba siendo perentoria.

150 años de vida republicana esperaba responder a eso. En este sentido, traía a Rómulo Betancourt, el presidente de la República, quien lo abre con tres discursos en los que expuso su visión de la historia venezolana; a Mariano Picón Salas, no solo uno de los más célebres americanistas de habla hispana del siglo xx, sino también su secretario de la Presidencia; a J.M. Siso Martínez, prominente figura magisterial de AD, para el momento director de la Escuela de Historia de la Universidad Central, autor del manual de historia al uso en colegios y liceos, y futuro y exitosísimo ministro de Educación (pronto editaría por separado su parte del libro con el mismo título de *150 años de vida republicana*, para lectura en todo el sistema educativo); a Juan Liscano, intelectual, poeta y folclorista célebre, además de –cosa menos conocida para las siguientes generaciones– simpatizante de AD; y a Marco Aurelio Vila, continuador de la saga de geógrafos catalanes iniciada por su padre, Pablo, y para el momento en la empresa de estudiar palmo a palmo el país a fin de evaluar sus potencialidades y generar proyectos de desarrollo para la Corporación Venezolana de Fomento.

Descontando la numerosa y muy influyente obra de los positivistas en el entresiglo xix-xx (Laureano Vallenilla Lanz, por sobre todos, pero también José Gil Fortoul, un casi desconocido José Ladislao Andara o un tardío Carlos Siso, que todavía en la década de 1940 seguía con su prédica y gozaba de un buen auditorio), pero que entonces estaba en completo descrédito académico e ideológico; y descontando, también, la muy ortodoxa (dentro de la ortodoxia marxista de la III Internacional) *Hacia la democracia* (1939), de Carlos Irazábal, que tanta influencia tendría en la izquierda venezolana; o los ensayos de Augusto Mijares que aspiraban a una propuesta de equilibrio y legalidad liberal que pocos quisieron oír; descontando ese corto elenco de autores (y algunos más), para cuando escribe Picón Salas no son muchos los enfoques globales para interpretar la historia de Venezuela. Acción Democrática, partiendo de sus semillas marxistas, había hecho lo propio en sus tesis políticas, como en el Plan de Barranquilla (1931) o en las tesis del Partido Democrático Nacional (1939), y el mismo Betancourt (si no el autor en solitario, sí el más influyente de estos documentos), sistematizó su propuesta en *Venezuela, política y petróleo* (1954).

Picón Salas sondeó la relación de los venezolanos con su historia a medida que la recorría. Le angustiaba un historicismo capaz de convertirse en opio y atontar sus fuerzas. El venezolano, argüía, suspiraba por un pasado ideal para refugiarse de una cotidianidad desoladora:

> Casi había un contraste trágico entre la ambición de grandeza de nuestra Historia, cuando en el período de la Independencia los venezolanos ganando batallas, formando repúblicas y haciendo leyes se desparramaron por media América del Sur, y en lo que habíamos terminado siendo... Los venezolanos del siglo xix y de las dos primeras décadas del siglo xx –hasta que comenzó a explotarse el vellocino petrolero– vivían mediocremente...

Las viejas promesas del ayer –y del anteayer– se trocaban en esperanzas del porvenir; las proezas de los libertadores en lenitivos de las guerras civiles, las bancarrotas, las pandemias, el hambre; las glorias de Junín y Ayacucho en consuelo de las otras derrotas de todos los días: «Desde la aflicción de hoy se miraba a la dorada promesa utópica de mañana». Es un fenómeno que más adelante, y ya con el instrumental de las disciplinas universitarias que justo Picón Salas había fundado en la Universidad Central de Venezuela, analizarían, en monografías más largas, los filósofos y científicos sociales egresados de sus aulas. Es, por ejemplo, lo que hicieron Germán Carrera Damas, cuando diseccionó el culto a Bolívar, acaso la expresión más viva y rotunda de ese proceder, y presentó su anatomía; y Luis Castro Leiva, cuando expuso su fisiología años más tarde.

Con todo y sus advertencias, en el esquema de interpretación de la historia republicana que presenta Picón Salas se mantiene una visión de la historia dividida en tres momentos que recoge mucho de la dialéctica «aflicción de hoy-promesa utópica del mañana»: (1) un pasado heroico y luminoso, el de la Independencia; (2) un largo período oscuro, definido por el caudillismo, el latifundismo y el imperialismo; y (3) un renacimiento, con la democracia, que en buena medida recuperaba parte del esplendor de ese pasado perdido, agregándole los logros de la libertad, la industrialización y las grandes conquistas sociales en educación y salud. Sin embargo, hay al menos una cosa en la que este esquema se diferencia del historicismo venezolano anterior: la confianza en el porvenir (algo que no tenían tan claro un Juan Vicente González en 1832 o un Vallenilla Lanz en 1911). No es que el argumento *escatológico* no haya sido trajinado antes: tanto Antonio Guzmán Blanco como Juan Vicente Gómez justificaron sus regímenes con base en el mismo expediente del período oscuro que los separaba de las glorias de la Independencia, y del inicio de sus gestiones como un renacer del heroísmo perdido. Pero ellos, con todo y los logros que emocionaban a sus aduladores y propagandistas, no podían alegar victorias éticas de la escala de un régimen civil y liberal como nunca antes se había tenido, más allá de sus desperfectos; o de una mejora tan amplia de la calidad de vida de los ciudadanos, más allá de las justas críticas que podían hacérsele. Es en «La aventura venezolana» donde Picón Salas dice aquella famosa frase de que el país entró en el siglo XX en 1935: «a pesar de los automóviles, quintas y piscinas, de la plutocracia... podemos decir que con el final de la dictadura gomecista, comienza apenas el siglo XX en Venezuela». Eso, para él, es ya un logro. Es el camino que lleva a la democracia de 1958, en la que al fin se «sembraría petróleo», habría reforma agraria, educación para todos, industrialización.

Sus tesis lograron convencer a una o dos generaciones de venezolanos. Fue, a su modo, la historia oficial del régimen. Un libro como la *Historia fundamental de Venezuela*, que en 1970 publica J.L. Salcedo Bastardo, también cercano a AD, y que se haría inmensamente exitoso (más de diez ediciones en los siguientes 25 años; y su aprobación y utilización por el Ministerio de Educación en los liceos) trata, en gran medida, de demostrarlas con base en un largo análisis sociológico que, si bien generó (y aún genera) muchas aprehensiones entre los historiadores profesionales, no deja de tener sus puntos de interés. Por supuesto, es, probablemente, el más escatológico de los libros de historia venezolanos: todo, según expone, parecía conducir al régimen de 1958, suma, cifra y destino de nuestra nación. Un autor que estaba más a la derecha de AD, Tomás Polanco Alcántara, presenta una tesis similar en su varias veces editada *Perspectiva histórica de Venezuela* (1977).

LA REVOLUCIÓN HISTORIOGRÁFICA

En 2010 la situación es otra. De algún modo, la crisis de las certezas y la confianza en el porvenir, que ha afectado al mundo de diversas maneras, manifiesta un contundente capítulo local. Los historiadores disciplinados, salidos de las escuelas universitarias de pre y posgrado que se fundaron desde 1958 y que han logrado una verdadera «revolución historiográfica» desde entonces, han eludido las visiones de conjunto. Tal vez porque saben lo que significa una visión de conjunto o porque había –y sigue habiendo– tantos problemas específicos que tratar antes de ensayar un proyecto de tal magnitud. Obviamente, hay excepciones. Federico Brito Figueroa presentó una visión de país en su muy influyente *Historia económica y social de Venezuela* (1966-1987, cuatro volúmenes), desde una perspectiva marxista y muy centrada en la teoría del neocolonialismo. Germán Carrera Damas, en diversos ensayos, ha hecho otro tanto.

Brito Figueroa y Carrera Damas fueron dos de los líderes de la «revolución historiográfica» que arranca con la democracia. Ambos, profesores de la Escuela de Historia de la Universidad Central de Venezuela, estaban en la izquierda, se opusieron a su modo al régimen de Betancourt y eran marxistas. Pero mientras que Brito Figueroa se mantuvo como el historiador del Partido Comunista hasta la década de 1970, Carrera Damas se separó del partido por la invasión a Hungría en 1954 y desarrolló un pensamiento autónomo, aunque siempre en el humanismo marxista. Para Brito Figueroa el sentido de la república venezolana estaba muy claro: era una república neocolonial; de allí que el estudio de las raíces coloniales de la dependencia, de las formaciones de clases, y de la sustitución del colonialismo español por el imperialismo yanqui fuera fundamental para su comprensión. El régimen de 1958, a su juicio, era un capítulo más del neocolonialismo, administrado por sus agentes locales, Acción Democrática por sobre todos, títeres del imperialismo y de su aliada local, la burguesía. No obstante, más tarde o más temprano habría de advenir una revolución que nos liberaría. Pero que lo ideológico no nos confunda: hay en su obra muchos aportes fundamentales, sobre todo en el estudio de la colonia.

Carrera Damas siguió un camino alejado de los catecismos. Primero, emprendió una reevaluación crítica e historiográfica de todo lo escrito hasta el momento, cosa que llegó a su punto más alto en 1970 con su ineludible *Culto a Bolívar: esbozo para un estudio de la historia de las ideas en Venezuela*; luego desarrolló un análisis interpretativo del pasado venezolano, cuya primera y esclarecedora propuesta está en *Una nación llamada Venezuela* (1980). Hoy, a comienzos del siglo XXI, y después de un periplo en funciones diplomáticas y de Estado, Carrera Damas retomó la reflexión sobre el devenir venezolano. Preocupado porque la crisis del régimen nacido en 1958 fuera entendida como una crisis de la democracia en sí, de que las deficiencias administrativas de unos gobiernos fueran consideradas deficiencias inherentes a la democracia, y de que así se desbrozara el camino para una tiranía o un «cesarismo» salvífico, incluso en el sentido teológico del término, casi con el mismo ánimo de Picón Salas, Liscano, Vila, Siso Martínez y Betancourt en 1963, está en pleno esfuerzo intelectual para buscar asideros históricos para la democracia venezolana. Nuevamente en la acera contraria a Brito Figueroa, que llegó a ser un cercano colaborador de Chávez, y uno de los creadores, en las décadas de 1960 y 1970, de la configuración de Ezequiel Zamora como líder revolucionario, Carrera Damas interpreta su socialismo-bolivarianismo como una «ideología de reemplazo» antiliberal –considera que tal es el resorte profundo del movimiento: una oposición a la libertad– que ante la caída del socialismo real tomaron algunos de sus náufragos como tabla de salvación.

En 1999 Carrera Damas elaboró un extenso ensayo sobre la historia republicana de Venezuela, «La larga marcha de la sociedad venezolana hacia la democracia: doscientos años de esfuerzos y un balance alentador», que después se ha publicado en varias partes y que finalmente insertó en su libro *Búsqueda: nuevas rutas para la historia de Venezuela* (2000). En este ensayo sostiene que en diversas estaciones recorridas a partir de la Independencia se ha ido perfeccionando el sistema democrático-liberal. Por eso, desde su perspectiva (obviamente ideológica, de un demócrata-liberal y, en los últimos años, admirador de Betancourt), el balance es alentador. Como proyecto, se trazó desde 1811, y con las obvias modificaciones que los cambios de los tiempos imponen, y hasta con los aparentes retrocesos de ciertos períodos, nada ha logrado, ni a su parecer logrará, acabarlo. Diez años y una gran cantidad de ensayos después, el desánimo no se apodera de él. En una ponencia en la Fundación Rómulo Betancourt, en Caracas, el 28 de noviembre de 2009, hace al respecto otra propuesta metodológica: «Continuidad y ruptura en la historia contemporánea de Venezuela, e instauración de la república liberal democrática». En esencia, es un llamado contra la desesperanza, para distinguir los que pueden ser fenómenos o hechos coyunturales, de otros de plazo más largo y significación más honda; y así entender el verdadero calado histórico de angustias más inmediatas: ¿qué hay de sentido –continuidad y ruptura– en la historia republicana de Venezuela?

CONTINUIDADES Y RUPTURAS

Un balance, por lo tanto, para el bicentenario pudiera guiarse, al menos en términos metodológicos, por las claves que presenta Carrera Damas en su conferencia. Para determinar cuánto ha habido de continuidad y de ruptura recomienda identificar cinco tipos de procesos y sus diversos fines: 1) completar la sociedad venezolana (en el sentido de la participación en la formación del poder público así como el ensanchamiento ilimitado de la participación social), 2) impulsar la conformación de la nación, 3) impulsar la formación de la ciudadanía, 4) promover la apertura de vías hacia la formación de una sociedad genuinamente democrática y 5) contrarrestar las consecuencias, potencialmente perversas para la consolidación de la democracia, de la transición hacia una sociedad genuinamente democrática.

Veamos qué encontramos si aceptamos estos procesos como articuladores. Lo de «completar la sociedad venezolana», abriendo las compuertas de la participación política a cada vez más personas, y lo de la formación de una sociedad genuinamente democrática revelan una continuidad que se expresa en esa «larga marcha hacia la democracia». Sin lugar a dudas, hitos como la abolición del sistema estamental y de castas durante la Independencia, el afloramiento de los ideales democráticos en el siglo XIX, la lenta –y no poco traumática– superación, aún en curso, de las tensiones raciales, el ideal de la federación como anhelo para una participación equitativa de las regiones en las decisiones nacionales (que no se alcanza hasta tan tarde como 1989 y hoy parece estar en reversión), el avance logrado a mediados del siglo XX –en especial en 1945– con la incorporación de la mujer y los campesinos analfabetos a la ciudadanía muestran una línea de continuidad que se proyecta hasta hoy.

En lo referente a «la conformación de la Nación» se identifica un proceso sin solución de continuidad para hacer de todos los habitantes de Venezuela un colectivo homogéneo, con identidad común. Tal proceso arranca desde la batalla ideológica para convencer a la mayoría de los venezolanos de que no eran españoles, sino una nación distinta, y se desarrolla en dos frentes a partir de 1830: 1) convencer a todas las regiones de su venezolanidad (recuérdese que el Zulia se independiza dos veces y oriente lo intenta una) y 2) refundir a las distintas etnias en la cultura dominante criolla, que se asume como venezolana. No fue un proceso sin traumas ni injusticias: expediciones militares, por ejemplo al Zulia en 1869 para reinsertarla a la república y contra los guajiros a partir de 1870; práctico reinicio de la conquista con las misiones, que vuelven a establecerse en 1915 para el control de las fronteras; prohibición a quienes habitaban en el centro del país de autodenominarse «indios» y su acriollamiento forzoso de 1882 en adelante; eliminación de la doble nacionalidad en 1873 (reinstaurada en 1999); expediciones armadas contra los indígenas de Perijá, incluyendo bombardeos aéreos, para la expansión de la industria petrolera. La Historia patria y el culto a Bolívar, como expedientes para apuntalar la identidad con una historia «común» que solía borrar las diferencias regionales, raciales e ideológicas, y para obviar aspectos polémicos como el apoyo de los venezolanos al rey de España durante buena parte de la Independencia o su oposición sistemática a la Gran Colombia, revelan lo que tuvo de reto este proceso.

Ahora bien, estas tres grandes continuidades (búsqueda de la democracia, de una ciudadanía integrada y de un colectivo nacional), dentro de las cuales pueden entenderse muchos de los otros aspectos específicos de la historia republicana, admiten otra destilación. Democracia, ciudadanía y nación se refieren a un fenómeno más amplio, un proyecto que parece haber sorteado todas las rupturas en las cabezas de las élites venezolanas a lo largo de dos siglos, haciéndolas insistir en su cometido desde 1811: si vemos bien, si vamos a los conceptos «claros y distintos», a esos *lenguajes* que inquietan a la historia intelectual, las tres nociones se suscriben en la modernidad política. En alguna medida, entonces, la historia republicana, la de estos dos siglos en Venezuela, es la historia de la búsqueda de la modernidad. Por eso Guzmán Blanco, Picón Salas o hasta Carrera Damas se pudieron sentir optimistas en 1870, 1960 o 1999: concluyeron que en su momento, y a su modo, finalmente se había llegado a la modernidad, o al menos dado pasos muy importantes para alcanzarla.

En 1985 aparece en castellano un manual de historia venezolana que, para el público estadounidense, había redactado el que tal vez era entonces su más importante venezolanista: *Venezuela: la búsqueda del orden, el sueño del progreso*, de John Lombardi. Aunque el texto no busca análisis profundos sino solo informar a personas muy poco enteradas de los asuntos del país, el título por sí solo es un balance y una identificación de sentido. «Orden y progreso» es, por supuesto, un aserto positivista, completamente *demodé* para finales del siglo XX, pero de algún modo resume el anhelo de la modernidad. De hecho, en sus conclusiones, Lombardi lo señala sin rodeos: lo primero que hay que tener en cuenta para entender a Venezuela es la convicción de su élite de formar parte de Occidente y su empeño en llevar al resto del país hacia su esquema cultural. Buena parte del resto de los problemas viene de esa dialéctica sociocultural.

Es razonable, entonces, pensar que el balance que estamos buscando puede ir, o al menos arrancar por ahí: por el deseo de dos siglos de una nación por convertirse en otra cosa, distinta de la que había sido hasta entonces, definida por la modernidad. Ese es, hasta el momento, el balance preliminar. A lo mejor no ha sido tan *a la ventura* nuestra historia; a lo mejor hubo siempre un guion, una escatología, al menos en la cabeza de sus élites dirigentes: el de hacer de Venezuela un país moderno. El resto de lo que pueda desprenderse de esto queda por escribirse, cuando no está ya más o menos escrito. Es en todo caso una tarea más ardua; pero, por el momento, es un balance inicial, un punto para comenzar: la historia de la república venezolana ha sido en gran medida la historia de un esfuerzo para entrar en la modernidad.

Debates IESA, vol. XV, n.º 1, enero-marzo 2010, pp. 88-83

CLAVES PARA ENTENDER A VENEZUELA

¿Qué hace falta para entender a Venezuela? Un observador que desde lejos oiga el rumor del país en sobresalto y quiera discernir su naturaleza, ¿qué necesitaría? ¿Existe un abecé que trascienda las fórmulas de los bandos políticos, con lo que tienen de reduccionistas e interesadas? ¿Hay venezolanos que de veras entiendan hoy su nación?

Sin lugar a dudas, el estado actual de Venezuela confunde a propios y extraños. Bien que se le mida desde el entusiasmo (¡una revolución socialista cuando ya nadie las soñaba posibles!) o desde el pavor (¿qué ha sido de la nación próspera, libre y segura que fue hace treinta años?), pocos se muestran capaces de explicar tanta dicha o tanta desgracia, según el caso. Tal vez la historia ayude a desenmarañar la madeja. Las siguientes páginas –pensadas inicialmente para un curso dictado en una universidad extranjera– esperan ofrecer algunas claves muy generales al respecto. La idea es señalar ciertos aspectos de continuidad y ruptura que, aun venidos de muy atrás, siguen con vigencia hoy y trazan en buena medida el pueblo que somos (y que hemos soñado ser). Entender a nuestra hora en el sentido profundamente histórico que tiene. Obviamente, se trata tan solo de una propuesta inicial que espera sea pasto de la discusión.

EL PROYECTO Y SUS MATICES

Una constante de la sociedad venezolana, que viene de muy atrás y no parece perder vigencia, es lo que el historiador Germán Carrera Damas ha denominado «proyecto nacional»; y Diego Bautista Urbaneja, «proyecto liberal», por su naturaleza. Cuando en 1830 aparece la república venezola-

na con continuidad histórica hasta el presente, las élites se trazaron un conjunto de metas en las que hemos insistido durante 180 años; incluso ahora,
cuando el gobierno propone otras. La Independencia había perseguido que
el colectivo venezolano no solamente se convirtiera en una nación distinta
de la española, organizada en un Estado propio, sino que también –sobre
todo en los deseos de la mayoría de los venezolanos– creara una forma de
vida diferente de la colonial.

El proceso fue largo y muy doloroso, comoquiera que la sociedad
venezolana lo inició hacia 1808 en medio de grandes tensiones raciales (deseos de ascender social y jurídicamente de los segmentos de color, crisis de
la institución esclavista), económicas (efecto de las guerras napoleónicas en
el Caribe), regionales (incomodidad de vastos territorios con la centraliza-
ción en Caracas) y político-ideológicas (impacto de las revoluciones atlán-
ticas en el Caribe). Cuando colapsa la monarquía castellana y la élite criolla
intenta reconducir en sus manos el ejercicio del poder, se abre una crisis de
legitimidad que hará a todos estos factores combinarse de diversas maneras,
que desatan o agudizan las tensiones y desembocan en una gran guerra civil
(es decir, con bandos definidos en términos ideológicos y regionales) que
pronto se convierte en una guerra racial (la llamada «guerra de colores»).

Comienza de esa manera uno de los fenómenos más característicos
de Venezuela, que atraviesa longitudinalmente su historia republicana y
que los pensadores del siglo XIX llamaron «igualitarismo», acaso la otra
constante –no ya desplegada desde la élite, sino desde *abajo*– que sin lugar
a dudas ha matizado el proyecto nacional. Se trata de la igualdad como
condición básica para cualquier cosa, incluso la libertad (según la tesis
de Fermín Toro). La igualdad debía ser no solo jurídica, sino efectiva
(en palabras de Bolívar, cuando definió la «pardocracia»), sin esas odiosas
trabas de casta y estamento de la colonia: si el dinero, el talento, la astucia
(esta última peligrosamente valorada y no pocas veces confundida con
la picardía: la llamada «viveza») o el valor (cuando estalle la guerra) lo
permiten, que cualquiera pueda llegar al sitio que quiera en la sociedad.
Aquella no era una igualdad socialista, sin clases, sino la derivada de una
visión democrática, en el sentido decimonónico: sin trabas para ascender
socialmente.

La pardocracia significaba la eliminación de la clase privilegiada (en palabras de Bolívar) y su sustitución por otra, pero de color. Requirió un largo esfuerzo conciliarla con el proyecto inicial de la élite. A la larga se impone el sector que ofrece como solución una república, en términos generales, liberal. Sí, la libertad habría de reconfigurar la sociedad. La nueva ciudadanía y sus oportunidades le permitirán a cada uno resolver sus aspiraciones: para los pardos y negros libres habría igualdad jurídica, es decir, libertad para hacer o dedicarse a lo que quisieran sin las cortapisas de casta; para los comerciantes, puertos libres; para las regiones, federalismo (la autonomía es una forma de libertad); para los esclavos, manumisión (que es una forma de redención, de liberación) de al menos sus hijos y nietos. Lo racial desaparece de momento del lenguaje político (lo que no significa que desapareciera de la realidad).

El proyecto debe ajustarse en una década de grandes conflagraciones, fracasos y retrocesos, pero en 1830 tiene ya un perfil más o menos claro: lo que queda de la vieja élite y la nueva que va surgiendo –en la que hay desde nuevos ricos, algunos extranjeros, hasta jefes militares, muchos de color– más o menos retoma el control (aunque a un gran costo: la necesidad de pactar con el caudillismo, que expresa en buena medida a los sectores subalternos). En ese momento surgen dos retos en los que se insistirá, también con grandes problemas, modificaciones y decepciones, durante un siglo: la formación de una economía capitalista (al final habría que conformarse con, al menos, una articulación con el capitalismo) y de un Estado liberal, al menos en algunos aspectos (también habría que conformarse con un mínimo: concentración de poder, garantía para las actividades empresariales, secularización, codificación civil, comercial y criminal modernas, respetadas e implantadas de forma variable).

No pueden perderse de vista estos factores, porque están en el fondo de los proyectos políticos que un siglo después, hacia la década de 1930, diseñan e implementan la llamada «Venezuela moderna» (una expresión acuñada cuarenta años más tarde, para hablar de la democrática y petrolera) y que, en gran medida, concentran el debate político de hoy. Para entender esto, no obstante, hay que incorporar otras dos variables esenciales para la Venezuela de comienzos del siglo XXI que aparecen en aquellos fundamentales años treinta –petróleo y democracia– y explicar por qué del proyecto inicial hubo que conformarse con solo algunos de sus rasgos.

EL PETRÓLEO Y LOS REAJUSTES EN EL PROYECTO

El proyecto liberal no logró completarse. Eso explica, entre otras cosas, por qué los movimientos políticos que aparecen hacia la cuarta década del siglo xx se plantearon como primer objetivo culminarlo, antes de avanzar hacia cualquier otro lado.

El fracaso del proyecto liberal se debió en gran medida (pero no únicamente) a factores estructurales, económicos y sociales. Jamás Venezuela logró atraer los capitales suficientes para superar las debilidades de su producción agrícola (que tenía todos los problemas del latifundismo), en menoscabo de la formación de un mercado, de la acumulación de capital, de la inversión, de la creación de una élite próspera y sólida, e incluso de la construcción de un Estado con la suficiente fortaleza para, por ejemplo, tener un Ejército capaz de controlar todo el país. Aunque el desinterés del capitalismo en el país no fue la única causa (por ejemplo, tampoco hubo entre los venezolanos un espíritu empresarial, de trabajo y ahorro correspondientes a los lineamientos del proyecto), la verdad es que Venezuela siempre fue un destino muy poco atractivo para un imperialismo que tenía todo el mundo a su disposición (buena parte como francas colonias). La calidad del café compensaba un poco, pero cuando el producto entró en su prolongada crisis de precios, desde finales del siglo xix, no hubo mucho que hacer: el sector agrícola quebró hacia la década de 1930. Ello tuvo también un efecto político, como era de esperarse.

La debilidad del Estado, y en general de la élite que intentaba liderar al país, se manifestó en aspectos tan importantes como la incapacidad para controlar la violencia y para establecer el imperio de la legalidad (tesis de Diego Bautista Urbaneja). Setenta años de guerras civiles dan cuenta de esto, así como el caudillismo erigido en una especie de solución para garantizar cierta estabilidad. Los grandes caudillos (José Antonio Páez, Antonio Guzmán Blanco y Juan Vicente Gómez) terminaron gobernando como déspotas más o menos ilustrados (en el sentido de que no abandonaron el proyecto liberal y modernizador de un todo). El largo período del gomecismo (1908-1935) representó, por una parte, la aducida resignación de la élite a sacrificar grandes cosas (por ejemplo, la libertad política) a cambio de un mínimo de orden y condiciones para el florecimiento del capitalismo. En 1903, Gómez derrota militarmente a los caudillos, lo que le prepara para tomar el poder un lustro después. Aunque de vez en cuando hubo algún alzamiento (por ejemplo, entre 1929 y 1930), la verdad es que desde entonces Venezuela no conoce guerras.

Pero –y esto sin idealizarlo– el caudillismo significó también una canalización del igualitarismo, bien porque lograba reprimir los sobresaltos sociales o bien porque, en cuanto expresión de la ruralidad, en el caudillo las capas bajas de la población se veían representadas, y en sus relaciones de poder (paternalistas, personalistas y clientelistas) había oportunidades reales de mejorar la situación, aunque fuera recogiendo algunas migajas. De más está decir que esto fue un buen caldo de cultivo para que la corrupción se volviera algo normal, incluso socialmente aceptado. Las historias infantiles tradicionales de Tío Tigre (el caudillo) y Tío Conejo (el vivo), si bien tienen un trasfondo africano, constituyen una metáfora clara de esta situación.

El petróleo va a cambiar este cuadro, al menos muchos de sus componentes. Para un país donde el petróleo formaba lagos (los llamados «menes»), resultó toda una conmoción que aquellos «jugos de la tierra» se volvieran tan importantes a principios del siglo xx. Aunque desde la década de 1880 se exportaba asfalto y se producía querosén a muy baja escala, a partir de 1920 empiezan a llegar capitales como nunca se había soñado. La inversión tendrá un típico carácter imperialista (condiciones decididamente favorables a las compañías, segregación de los obreros venezolanos) y eso estructurará a mediano plazo un sentimiento nacionalista que se reflejará, por ejemplo, en la venezolanización (es decir, sustitución de los gerentes extranjeros por venezolanos) que fue punto de honor nacional desde la década de 1960. En un primer momento, la reacción fue similar a la de quien gana una lotería.

El resultado es que finalmente aparece el capitalismo, con el que tanto se había soñado, y en cuyo logro tanto se había fracasado; aunque es un capitalismo *sui generis*, que Asdrúbal Baptista ha llamado «rentístico». El esquema es el siguiente: el Estado, dueño del subsuelo desde la Colonia (y ratificado como tal por diversas leyes republicanas) tiene en sus manos un recurso inmensamente valioso. Como ya lo intentó con poco éxito en el siglo XIX –asfalto, oro, guano– su objetivo fue convertir eso en un negocio, buscando un concesionario (forzosamente extranjero, porque no había venezolanos con el capital ni la capacidad técnica suficientes) que lo explotara y, mediante el pago de diversos impuestos, le diera beneficios. Con el petróleo, por primera vez, la ecuación da resultado. Se juntan dos coincidencias cuya naturaleza escapaba de las manos de los venezolanos, pero que desde entonces aprovechan: gigantescos yacimientos (hasta la década de 1960 no se tendrá idea exacta de su volumen, pero ya se consideran la mayor reserva del mundo, con 300 000 millones de barriles) y el desarrollo de una tecnología que convirtió al petróleo en el combustible, literalmente, del capitalismo.

El Estado terrateniente, en cuanto dueño del subsuelo, recibió entonces una renta, como puede llamarse al conjunto de impuestos que pagan las compañías petroleras (y ahora PDVSA, que no ha alterado esa práctica). Eso le permitió, primero, vivir de algo distinto de la sociedad (ya no dependería de los magros impuestos con que pechaba a esa economía más bien pobre del café) y, después, poco a poco, ir subsidiando a la sociedad (cuyas primeras manifestaciones fueron la sobrevaluación de la moneda, gracias a los petrodólares, ya desde 1926; y la ayuda a los cafetaleros quebrados en 1934) para, finalmente, hacer que la sociedad girara en torno a él. La decisión del Estado (de las élites que lo manejan) es cumplir el anhelo secular: emplear la renta para crear un capitalismo (de ahí lo de rentístico). La consigna acuñada por Arturo Úslar Pietri en 1936 de «sembrar petróleo» (y que desde entonces la han enarbolado todos los gobiernos, incluido el de Chávez) se entendió como la utilización de la renta para crear una industria, una burguesía y hasta un mercado nacionales, porque entre otras cosas ayudó a crear empleo (todavía ronda el veinte por ciento la fuerza de trabajo empleada por el Estado). Del mismo modo, la renta se ha utilizado igualmente para sobrevaluar el bolívar y, así, facilitar la importación de los recursos que requería el desarrollo, pero también para financiar un bienestar más o menos ficticio y un mercado en crecimiento.

Una consecuencia correlativa fue el inmenso poder que en adelante tendría el Estado, y que siguió creciendo a medida que crecía la renta. La épica nacionalista frente al petróleo y el imperialismo, que después de una cadena de éxitos cristaliza con la nacionalización de la industria en 1976, constituyó uno de los más grandes logros de los venezolanos en su historia (así al menos se siente); también eliminó el contrapeso que representaban las empresas. Por eso quien controla el Estado puede ser tan poderoso. Tiene en sus manos los recursos de los que vive el país. Los partidos políticos, sobre todo Acción Democrática (AD), lo fueron desde 1958. Hugo Chávez y todo el movimiento que encabeza lo son hoy. La diferencia entre ambos es, entonces, la decisión política de qué hacer con esa renta. AD decidió rematar la tarea histórica de completar el proyecto nacional, reformulándolo y actualizándolo. Se propuso la modernidad capitalista, aunque dentro del marco del intervencionismo y el Estado de bienestar. El chavismo, sin romper tajantemente con algunos valores de AD y del decimonono, se propone la eliminación de la propiedad privada sobre los medios de producción, en busca de un nuevo socialismo (véase su *Libro rojo*, «guindado» en Internet). Ambos contaron con el Estado petrolero y, sobre todo, con una determinada visión de la democracia y la sociedad: una visión muy venezolana que hay que considerar.

LA DEMOCRACIA

Durante varios años la encuesta Latinobarómetro ha colocado a Venezuela como el país con mayor aceptación de la democracia en la región. En 2010, el 84 por ciento de los venezolanos dijo preferirla a cualquier otro tipo de gobierno. Esto llama la atención, cuando tantos sectores, dentro y fuera del país, ponen en tela de juicio la calidad de la institucionalidad democrática en Venezuela.

¿Qué entienden los venezolanos por democracia? En el «Estudio de las valoraciones de la democracia en Venezuela», elaborado por el Centro Gumilla de Caracas en 2011, se encuentran algunas pistas. Los datos revelan que, más allá del concepto básico asociado con el ejercicio del voto (ininterrumpidamente practicado desde 1945, incluso bajo la dictadura militar, que hizo fraudes masivos pero no se atrevió a suprimirlo), la democracia se asocia con una idea de bienestar de las mayorías. En esto influyen muchos factores. En primer lugar, desde el siglo XIX la idea de gobierno de la mayoría se entendió como la herramienta para que actúe en función de esta, no de una élite. Es un antecedente que no debe minusvalorarse para lo que vino después: la idea actual de democracia. Fue la ecuación del Partido Liberal en 1840 a la que se debe, además de esta y otras nociones fundamentales para Venezuela (por ejemplo, el culto a Bolívar), la superación de las categorías raciales en el lenguaje político por las nociones de pueblo y oligarquía, que retomarán los líderes democráticos de las décadas de 1930 y 1940; y que hoy sostiene Hugo Chávez, más por su eficacia simbólica y propagandística que por reflejar la realidad social.

El Partido Liberal, en el poder entre 1863 (después de su triunfo en la Guerra Federal) y 1910 (cuando Gómez rompe con los liberales, aunque a algunos los recicla en su régimen), se encargará de ser el portavoz del igualitarismo. La Guerra Federal consagra el voto universal y la federación como sistema. No obstante, bien que enarbolando estos principios, los caudillos liberales salidos de ella (Guzmán Blanco el más importante de todos) mantendrán en la práctica gobiernos despóticos, aunque siempre cuidándose de no ofender el deseo de igualdad de las mayorías, con determinados gestos (un discurso populista y, para fin de siglo, radical; una preocupación constante por mantener el «prestigio» entre el pueblo, dando prebendas u organizando joropos y terneras; es decir, actuando como «césares democráticos») o con algunas medidas más concretas (instrucción pública, ascenso social de algunos miembros del pueblo convertidos en ministros o generales, pactos para que cada región sea gobernada por su caudillo particular).

Para finales del siglo XIX quedaba muy poco del ideario. Una sucesión de problemas –bancarrota del Estado, guerras civiles entre los mismos liberales, inmensas pérdidas territoriales– impuso un giro conservador en la élite: al deseo de orden se unió la nueva filosofía positivista, y el lema fue salvar lo que se pudiera del desastre. En adelante, «la política» será una mala palabra y los venezolanos aplaudirán a Gómez como el «gendarme necesario», el «césar democrático» por excelencia. Frente a los «políticos que hablan y arruinan el país», se impone el imperio de los «hombres de trabajo».

Sin embargo, la siguiente generación, nacida y criada en la *pax gom-mica*, querrá retornar a la política. Primero asume mucho del viejo lenguaje de los liberales, nunca desaparecido del todo, en aspectos tales como la democracia, pero pronto se alimenta con las ideas socialistas y marxistas de la hora. Ello hará aún más intensa la idea de democracia como base para una vasta revolución (otra idea que se recondujo del decimonono), pero ahora social. Educación para las masas (idea también de los liberales), salud pública, reforma agraria: he allí lo que se conseguiría con la democracia. El sector de la izquierda, liderado por Rómulo Betancourt y el partido que funda (AD: «el partido del pueblo»), será fundamental en esto. Primero asume la culminación de lo que quedó pendiente del siglo anterior (integración del país, instauración efectiva de una república liberal-democrática, como lo ha denominado Germán Carrera Damas, eliminación del caudillismo y control civil sobre los militares, e independencia plena, pronto asociada con el nacionalismo petrolero) y después emprende su revolución: voto universal, «siembra del petróleo» para el pueblo, creación definitiva de bienestar, reforma agraria. «Empoderamiento» definitivo del pueblo. Triunfo final de la igualdad. Entre 1945 y 1998 ejerció directamente el gobierno durante 28 años y, salvo en el período de la dictadura (1948-1958), tuvo mayoría parlamentaria y sindical cuando fue oposición. Incluso hoy es el partido más grande de la oposición al régimen de Chávez, con un millón de votos en los últimos comicios y 22 diputados. Todas las encuestas indican una recuperación aún mayor.

El lema «con AD se vive mejor», junto con el valor en sí mismo del voto como fuente incontestable de legitimidad, son tal vez las dos herencias mayores que dejó este partido para la concepción de democracia de los venezolanos. El buen gobernante debe garantizar al menos esas dos cosas: hacer que se «viva mejor» y tener la bendición de las mayorías. De hecho, al sistema democrático de 1958-1998 lo llamó Juan Carlos Rey «sistema populista de conciliación de élites». Al final, las élites (empresariado, Iglesia, sindicatos, medios de comunicación y militares, todos girando en torno a los partidos políticos) llegaban a consensos –los cuales garantizaron medio siglo de una paz y una libertad que, más allá de sus fallas, fueron notables para lo que había sido Venezuela hasta 1958– que, no obstante, solo eran legítimos en la medida en que el pueblo los refrendaba con el voto. Para el pueblo, a su vez, el sistema era legítimo en la medida en que podía cumplir la promesa de ascenso social y sus gobernantes hubieran sido elegidos por la mayoría. Tal es el núcleo del Pacto de Puntofijo y otros pactos firmados en 1958. Aunque *puntofijismo* adquirió una connotación peyorativa por algunos de sus desarrollos ulteriores, en un primer momento fue un consenso notable en una sociedad deseosa de alcanzar su proyecto de vida, y que hubo de enfrentar el reto de la guerrilla comunista y de algunos militares con ansias dictatoriales.

Hugo Chávez ha viajado por esos carriles. La tarea de hacer que «se viva mejor» se ha logrado por el aumento de la renta petrolera que produjo el alza de los precios del crudo entre 2004 y 2009, cuando pasa de 25 dólares el barril a unos cien, y muchos venezolanos, los más pobres, pudieron duplicar su capacidad de consumo (según las investigaciones del Proyecto Pobreza, de la Universidad Católica Andrés Bello). Esto ha tenido un impacto en los indicadores, porque el número de pobres se redujo sensiblemente entre 1998 y 2011, según fuentes del Banco Central de Venezuela: de 49 a 26 por ciento. No es de extrañar, entonces, que, a pesar de su hiperliderazgo (como lo ha admitido el mismo presidente) y su *cesarismo revolucionario*, para la mayor parte de los venezolanos se viva en democracia: porque sienten que «viven mejor» y tienen un gobierno elegido por la mayoría. Que sea sobre la base del consumo, acaso repitiendo viejos errores, o que sean indicadores ajenos al modo como esto ocurrió, ya es otra cosa que el votante promedio no considera.

LA «VENEZUELA MODERNA» Y SUS CRISIS

Cuando el sistema deja de garantizar el «vivir mejor» va perdiendo legitimidad, como ocurrió con la democracia a partir de 1989 y como pudiera ocurrirle al chavismo si no logra mantener el consumo o el éxito transformando la sociedad en la dirección que se plantea.

A partir de 1930 el Estado venezolano asumió la tarea histórica de «ponerse al día» (la frase es de Baptista) con todo lo que alejaba a la sociedad de la modernidad: salud, vialidad, educación, industria, formación de un estilo de clase media modelado en el *american way of life* que en Venezuela, además, gozaba de la vitrina de los campamentos petroleros, rápidamente tomados como modelos. «Vivir mejor» se volvió básicamente acceder a esa modernidad. El petróleo permitió avanzar, aunque de manera desigual, tanto en términos geográficos (unas regiones más que otras, sobre todo las áreas petroleras y el gran centro enlazado en torno a Caracas) y sociales (unas clases más que otras). Revisar un mapa electoral de la Venezuela actual muestra dónde tuvo mayores resultados esa modernización: es fácil cruzar los indicadores con el voto y evidenciar en cuáles lugares la evaluación del régimen anterior es más positiva o, en todo caso, entusiasman menos las propuestas del régimen actual (que ha basado parte de su legitimidad en una versión muy negativa de la «Cuarta República»).

En general, de acuerdo con los resultados electorales, hasta entrada la década de 1990 los venezolanos estaban satisfechos con los resultados de los últimos cincuenta años: el noventa por ciento de los votos se repartía en los dos grandes partidos del sistema y la abstención rondaba el quince por ciento. El problema es que el modelo de industrialización (la «siembra del petróleo») se frenó en 1978, sin caminos para ser sostenido (es decir, hubo un «crecimiento sin desarrollo», como lo llamó D. F. Maza Zavala). Al final, la expansión basada en los petrodólares y el consumo (lo hecho por Chávez en este rubro no es nuevo) tocó sus límites en 1983, cuando lo que salía empezó a ser más de lo que entraba. Como las mayores apuestas de la «siembra de petróleo» no habían dado resultado (no siempre por incapacidad o deshonestidad de los venezolanos), la promesa global de «vivir mejor», creciente y perpetuamente, dejó de ser posible.

Esto puede explicar lo traumáticas que resultaron las medidas de ajuste de carácter «neoliberal» cuando el sistema dio muestras de agotamiento. El Caracazo (1989), más que una respuesta a las medidas de ajuste (se habían anunciado apenas unas semanas antes y aún no se implementaban), fue, entre otras cosas (porque aún no se sabe cómo explicarlo del todo), una reacción a la evidencia de que el sistema no podía dar más, anunciada por Carlos Andrés Pérez, elegido con la esperanza de que lo reviviera. Fue la gota que derramó el vaso de una creciente «indignación moral» (la categoría es de Margarita López Maya) que desde hacía un lustro se había acumulado ante un orden de cosas que empezaba a defraudar las expectativas después de su momento de mayor bonanza.

Hay muchos más factores. Es necesario, por ejemplo, considerar la incapacidad de los partidos políticos para reformarse o la desconfianza que generaba el sistema por los casos de corrupción e impunidad en que desembocó la «obsesión por el consenso» (según Diego Bautista Urbaneja) del puntofijismo y que permitió encontrar un culpable: los políticos, los corruptos, que «nos quitaron nuestro dinero». Por supuesto que tuvieron mucha culpa, pero no fueron los únicos que bailaron en la fiesta. Baste lo dicho para explicar por qué la sociedad aplaudió las propuestas antisistema, como los fallidos golpes militares de 1992, el abstencionismo creciente, algunos partidos radicales como La Causa R y finalmente Hugo Chávez.

COLOFÓN

Faltan dos cosas especialmente importantes dentro de las muchas que pueden quedar por fuera. ¿Por qué un militar? Una vez entrados en crisis los partidos, en el sistema de conciliación de las élites las Fuerzas Armadas –que después de su aparatoso gobierno entre 1948 y 1958, y de su triunfo en el combate con las guerrillas (razón esencial para comprender la alianza con los partidos) optaron por ser socios menos visibles en el poder– no solo estaban entre las más prestigiosas, según todas las encuestas, sino que eran también el único factor real para tomar el poder una vez que quebraron los partidos. Según Domingo Irwin este es un ejemplo de que el pretorianismo nunca desapareció del todo. ¿Por qué el socialismo? Por varias razones, desde el hecho de que Hugo Chávez lo sea (para algo sirve el hiperliderazgo) hasta la circunstancia de que la bancarrota del sistema pareció darles la razón a los sectores antisistema de la izquierda, que después de la derrota guerrillera siguió gravitando en la vida nacional. Tal vez los electores no votaron por el comunismo (aún hoy no pasan del quince por ciento los que desean tal modelo), pero sí por los referentes más críticos al orden anterior, y radicales en la propuesta de su ruptura.

El punto es, ya de vista al porvenir: si Chávez no alcanza a construir el «nuevo republicano» que se ha propuesto, ¿logrará con el socialismo el «vivir mejor», en el sentido que, estirándolo un poco, puede entreverse desde la pardocracia y el igualitarismo? ¿Compaginan realmente sus propuestas con lo que ha entendido el venezolano que es «vivir mejor», si definitivamente se va a otro modo de vida? ¿Logrará sustituir los valores de la «cultura democrática burguesa», como la llama el *Libro rojo*, que se insertan en la fundación y la formación mismas de la nacionalidad, al menos como ideal de sus élites?

Todo indica que una lectura de estas claves históricas (y de otras más) permitirá al chavismo medir la magnitud de sus retos; y a la oposición, entender por qué se llegó a la situación actual y compulsar la proyección histórica de sus valores. Al tomar cualquier decisión, el pueblo verá si es con el socialismo del siglo XXI o con lo representado por AD que hay más democracia y, en efecto, «se vive mejor».

Debates IESA, n.º 1, enero-marzo 2012, pp. 90-94

LA MALDICIÓN DE CIRENE

METÁFORA DE UNA NACIÓN

La imagen era demasiado sugestiva para que pasara desapercibida entre los venezolanos que a principios del siglo XX veían, a veces con más temor que entusiasmo, a su país trastornarse por la explosión de la industria petrolera: una riqueza abrupta y gigantesca extraída del fondo del mar, en cuya búsqueda no se escatimó dispendio ni horror algunos; una especie de «fiebre de oro» que no dejó nada en su lugar, con baraúndas de aventureros de los más remotos lugares, muchas veces asociados con caciques locales; millares de trabajadores explotados hasta la muerte por el cansancio y por el sol; todos erigiendo una ciudad en medio de la nada (literalmente: era un desierto y el agua tenían que importarla), con edificios formidables para su tiempo y su lugar, hasta que de repente, de una manera tan abrupta como había aparecido, todo comienza a decaer, la rapiña agota los recursos; hasta que un día, bramando desde el fondo de aquel mismo mar inmisericordemente explotado, llega un *tsunami* que lo arrastrará todo. Como los coetáneos del destino de Nueva Cádiz, los venezolanos de cuatrocientos años después interpretaron en aquello un designio del cielo, como un castigo a todos los pecados de la riqueza fácil y de la opulencia, como la señal de algo que, más tarde que temprano, habría de pasar nuevamente en Mene o en Cabimas o en cualquier otro lugar de la costa oriental del lago.

Cubagua se convirtió a partir de entonces en la metáfora de la Venezuela petrolera. Una que está llena de significativas claves para entender su recepción y los inmensos temores que produjo en un primer momento. La leyenda negra del petróleo –que como toda leyenda al menos tiene tanto de imprecisiones y hasta de francas mentiras como de algunas verdades– se construyó en proporciones iguales por el temor de que el hidrocarburo se acabara pronto y así de las ciudades petroleras no quedaran en dos décadas sino pueblos fantasmas (no fue hasta finales de la década de 1960 cuando comenzamos a tener una idea más clara de la magnitud de nuestras reservas, cuando los ingenieros Hugo Velarde y José Antonio Galavís calcularon la dimensión de la faja del Orinoco); y de un sentimiento de culpabilidad por una riqueza que no era producto de nuestro trabajo, que se demostraba corruptora y que más tarde o más temprano iba a manifestarse en algún tipo de castigo. El destino, pues, de Nueva Cádiz. No en vano Arturo Úslar Pietri, cuya influencia en la formación de lo que hemos llamado nuestra *conciencia petrolera* fue fundamental a través de su multitud de escritos y apariciones en los medios, nos legó un panorama lleno de terribles imágenes bíblicas, como las del festín de Baltazar o la de las vacas gordas y las vacas flacas.

Enrique Bernardo Núñez no se apartó demasiado de estas premisas, pero con ellas logró una metaforización no solo capaz de reflexiones estéticas y teóricas más sustantivas, sino también de proyectarse hasta hoy con una fuerza que todavía nos golpea, como esperamos demostrar.

NARRACIÓN Y TIEMPO

Con *Cubagua* (1931), Enrique Bernardo Núñez escribió la primera novela vanguardista –o al menos nítidamente vanguardista– de Venezuela. Aunque en su momento fue eclipsada por otras de más fácil conexión con los gustos y las preocupaciones de los venezolanos de la hora –como *Las lanzas coloradas*, que aparece el mismo año; o por el impacto de *Doña Bárbara*, aparecida tres años antes– la crítica y los académicos de mediados de siglo la recuperaron como una obra que anunció todo lo que entonces estaba caracterizando a la literatura del *boom* (realismo mágico, crítica social, literatura fantástica, algunos toques de surrealismo), al punto de considerarla un verdadero hito en el nacimiento de la moderna narrativa latinoamericana. No es cualquier cosa para su joven autor, que en 1929 o 1930, cuando la escribe, no tenía otra formación que la que podía recibir en aquella Venezuela aislada, y apenas comenzaba a conocer el mundo como empleado de las legaciones en Cuba y Panamá.

Pueden alegarse varias hipótesis al respecto, que seguramente ya han trajinado investigadores de la literatura con mucha más expertía que quien escribe. Pero nos parece razonable plantearnos que tal vez esto fue así porque sus logros estéticos respondieran más –o al menos tanto– a sus inquietudes historiográficas como a su trato con los *ismos* que dimanaban de París y que por esos años comenzaban a tener discípulos aventajados en Latinoamérica (o latinoamericanos en suelo francés: son los días felices de Miguel Ángel Asturias, Alejo Carpentier y Arturo Úslar Pietri hablando de libros y gozando la vida en la Ciudad Luz). Nos explicamos: Núñez no tiene esa pasantía dorada; en sus empleos de provincia, pensaba como historiador, escribía como periodista y sufría como venezolano. Su angustia era comprender la hora dura que atravesaba su país, con la paz de horca y cuchillo impuesta por el gomecismo y la relativa prosperidad que empezaba a anunciar el petróleo con todos los cambios que anunciaba. La feroz tiranía y corrupción de Juan Vicente Gómez era aceptada como un mal menor frente a las guerras civiles y bancarrotas del fin de siglo anterior. Mientras el tirano y los sectores de la élite que rodean al dictador amasan fortunas y las compañías inglesas y norteamericanas sacaban tanto petróleo que Sir Henri Deterding llegó a afirmar que Venezuela fue el mejor negocio de su vida; las nuevas generaciones de venezolanos dejaron de vincular la recluta con ir a morir a la guerra, las cuentas nacionales empezaban a tener orden y varios miles de kilómetros de carreteras se abrían a pico y pala por el país. En conjunto, suficiente para que muchos vieran compensadas las torturas y latrocinios del régimen, voltearan hacia otro lado y participaran, en la proporción que podían, del festín.

Es una resignación que a Núñez termina asqueando, sobre todo por el discurso que entonces se elabora para que no aspiremos a más. Ya en varios artículos da con su nuez ideológica: la Historia patria –es decir, la tradicional circunscrita a los grandes héroes y sus prodigios de la *Magna gesta*– como mecanismo de legitimación pero también de inmovilización. Reclama la necesidad de otra historia capaz de hacernos comprender mejor; más crítica, irreverente, alejada de los cantos épicos y de esos héroes de bronce, altos, inaccesibles, semidioses. Una historia que dejara de echarles incienso a edades de oro supuestas para que empezara a preocuparse por su gente, su economía, sus inmensas miserias físicas y materiales que la épica siempre trató de disimular. Es una prédica que a la larga tendría éxito en casi todos los historiadores venezolanos que se formaron a partir de la profesionalización del oficio y de la democratización del país (es muy significativo que 1958 haya sido, también, el año de la fundación de la Escuela de Historia de la Universidad Central de Venezuela), pero que en la década de 1930 pocos la expresaban con tanta crudeza, ni siquiera los positivistas más iconoclastas como Laureano Vallenilla Lanz (muy iconoclasta con el pasado, pero demasiado reverente con los poderes del presente, para su gran descrédito entre los hombres de la generación de Núñez: cuando muere en 1936, por ejemplo, Rómulo Betancourt no sabe si agradecer lo que tuvo de desmitificador del siglo xix o aborrecer lo que tuvo de mitificador del gomecismo).

No fueron, sin embargo, los relativamente pocos estudios y la multitud de artículos y ensayos sueltos que escribió Núñez los que lograron cumplir el programa trazado: sus novelas lo hicieron mucho mejor. *Después de Ayacucho* (1920) es la versión pedestre de la historia nacional, de caudillos y antihéroes, de esas «nulidades engreídas y las reputaciones consagradas», si se nos permite usar por enésima vez la frase de Manuel Vicente Romerogarcía. Con todo, el título de la novela todavía le da algún chance al optimismo: la medianía y mediocridad vinieron «después de Ayacucho», es decir, después de cerrado el ciclo heroico de la emancipación. Pero en *Cubagua* la reflexión madura, trasciende su simple puesta en escena y trata de llegar a, digamos, la esencia, al proceso. Por ejemplo, esa forma de ir y venir del pasado al presente, que despista a los lectores desprevenidos, nos dice tanto de una forma de su comprensión de la historia venezolana como del joven diplomático que ya está leyendo algunos libros de la vanguardia. Solo así pudo retratar una sociedad cuyos vasos comunicantes con el colonialismo del siglo xvi son tantos, y tan poderosos, que funcionan como una especie de espacio-tiempo paralelo, en el que no sabemos bien qué está antes y después –no en términos cronológicos, claro– llevándonos de la era del petróleo a la de las perlas, con una velocidad que escapa de los sentidos y conduce a vivir dos tiempos históricos como si fueran uno o, mejor, demostrándonos que efectivamente lo son.

No es el manido cliché de que «la historia se repite»: es que en diversas dimensiones de lo temporo-espacial se manifiestan una y otra vez determinados fenómenos. Así, aunque no sea la misma historia, al vivirla o leerla sentimos cierto *déjà vu*. Otras veces lo que pasa es que nos creemos en otro tiempo, cuando en realidad seguimos en el mismo, como los fantasmas de Nueva Cádiz que rodean al ingeniero Leizaga cuatrocientos años después en *Cubagua*. Aunque no los veamos, suelen acompañarlo. Con los buscadores de perlas genoveses de Cubagua y los buscadores de petróleo norteamericanos y holandeses de Cabimas estamos, en todo caso, escribiendo dos capítulos de la inserción del territorio venezolano en el capitalismo en dos momentos de su desarrollo. Dos capítulos que Núñez nos insinúa uno dentro del otro, en vez de uno después del otro.

Por esta y otras razones más, la novela da para muchas reflexiones sobre tiempo y narración (ficcional e histórica), pero de momento quedémonos con lo del carácter metafórico que le da Enrique Bernardo Núñez. Como vemos, no se detiene en los temores bíblicos ni en las admoniciones morales de su momento: ni siquiera nombra al petróleo; delinea un proceso de fondo, y no solo en términos económico-sociales; también en términos de memoria y conciencia histórica.

CIRENE

Germán Carrera Damas probablemente fue el primero en comprender el pensamiento historiográfico que está presente en la prosa ficcional de Enrique Bernardo Núñez, al punto de incluir en su célebre antología *Historia de la historiografía venezolana (textos para su estudio)* un cuento aparecido en *La galera de Tiberio, crónica del canal de Panamá* (1938), titulado «Cirene». Ya en *Cubagua*, más allá de lo que insinúa en la historia en sí, hace dos guiños claramente asociados a la memoria histórica. En primer lugar, cuando el doctor Tiberio Mendoza –el nombre, como se ve, ya le rondaba en la cabeza para expresar cierta medianía nacional– despreció como locuras las imágenes que Leizaga vio –o creyó ver– en Cubagua porque no calzaban con lo que las fuentes documentales –y entonces casi únicas y canónicas en la historia colonial venezolana: Depons, los cronistas de Indias, Arístides Rojas. Y peor aún, tampoco calzaban en sus tesis sobre la raza, tan en boga entre los sociólogos positivistas del gomecismo. Mendoza se convierte así en el arquetipo del historiador oficial venezolano de 1930.

El segundo guiño lo vemos cuando señala lo que los neogaditanos hacen cuando comienza su decadencia:

> El hambre sobrevino en Cubagua. La guerra asolaba Tierra Firme. Nueva Cádiz estaba llena de mendigos que referían sus hazañas para distraer el hambre y la inacción. Este había sido paje de la reina Isabel; aquél, caballerizo del emperador. Habían asistido a la toma de Granada y a las campañas de Italia. Venían de Flandes, de Francia. Describían las tiendas reales, las fiestas y batallas. Todos dejaban empeñadas haciendas y mayorazgos para venir al Nuevo Mundo a ganar la honra. Cada quien pedía diez mil indios para redimirse.

Vale la pena subrayar una frase: *mendigos que referían sus hazañas para distraer el hambre y la inacción.* Es decir, la misma relación de Venezuela con su Historia patria. Relación que en *La galera de Tiberio* va todavía más allá. La novela –llamémosla así, porque es difícil de definir– tiene una historia propia tan fascinante como la que narra: desencantado por sus resultados (¿o asustado por lo filoso de sus imágenes?), su autor, quien siempre fue de un carácter singular, lanzó al río Hudson todo el tiraje... o casi todo. Quedaron algunos ejemplares que finalmente fueron recuperados por los jóvenes escritores e investigadores de la década de 1960, quienes ahora veían genialidad donde Núñez solo vio irregularidad, y en un acto que tal vez lo hubiera escandalizado, la reeditaron en 1967. De nuevo, la obra es una mezcla de cuentos fantásticos y «realismo mágico»: nada tan plácido y absurdo a la vez como el entendimiento de los que reducen las posibilidades de la existencia –la realidad de las cosas– a hechos puramente experimentales, sin reservar nada a lo desconocido», dice abriendo el libro.

En efecto, teje varias historias –incluyendo la de un buque fantasma– en torno a la mediocridad de la colonia venezolana en Panamá, desde el embajador del gomecismo, un tunante básicamente entregado al whisky y a las amantes, hasta los exiliados, incluyendo los jóvenes estudiantes que, en la vacuidad que se percibe en cuanto reparamos un poco más en sus discursos, nos recuerdan al farsante que José Ignacio Cabrujas dibujaría años después con su Pío Miranda –marxista como Pío Tamayo, fabulador como Francisco de Miranda– epígono de cierta izquierda criolla y palabrera («había, dice Núñez, dos tendencias definidas: cesaristas o comunistas o cesaristas con nombres distintos»); también hay una joven heroína al estilo romántico, una venezolana que se prostituye para ganarse alguna fortuna después de un matrimonio que sido una estafa (¡otra más en la historia!)... Hay cobardes, delatores, algún soñador, autoridades panameñas muy corruptas, huelgas por la crisis de 1919 que le sirve de fondo; empresarios o representantes de *trust* norteamericanos e ingleses, en fin, el Caribe de la época. Maticemos: lo peor del Caribe de la época.

Es en ese contexto donde se inserta el cuento de la fantástica Cirene, donde sus habitantes actuaban como los neogaditanos en la hora de su inopia:

> Del mismo origen dórico los nuevos cirenenses veneraban su recuerdo y hasta ella hacían remontar el esplendor de sus rosas y de sus razas de caballos. Los cirenenses eran felices. Vivían entregados al culto de sí mismos y de sus héroes que habían dilatado su fama en guerras con los estados vecinos. Hubo sin embargo uno entre ellos al cual proclamaron el hombre más grande de la tierra. A divulgar esa gloria dirigieron sus esfuerzos. Diéronse, pues, a ser historiadores y a vivir en el pasado remoto.

Así, «concluyeron al fin por hacer su héroe un dios a quien rendían el culto más ferviente. Los oscuros tiranos que se sucedieron en Cirene permitían este culto y lo favorecían. Encontraban así un medio seguro de hacerse perdonar sus latrocinios». De ese modo, aunque «la nación no prosperaba [...] ciudades estaban satisfechas». Lo que sigue narrando tiene resonancias igual de feroces tanto para la Venezuela del bolivarianismo de Juan Vicente Gómez como para aquella que ya se apellida francamente *bolivariana* a principios del siglo XXI: se llenó Cirene de especialistas en la vida del grande hombre, ya que era la mejor manera de hacerse pasar por sabio. Entre ellos hicieron discusiones bizantinas sobre su pensamiento y obra, y así «el horizonte mental de los cirenenses fue estrechándose cada día», de modo «que corrían los otros pueblos hacia el porvenir, ocurrían en el mundo las mayores transformaciones sin que Cirene se diese por aludida». Al final, Cirene desapareció. Cuando siglos después, por el efecto de unos ladrillos encontrados por unos labriegos; empezó a ser redescubierta por los arqueólogos, los cráneos de los cirenenses «fueron motivo de disputas interminables. Tenían en el frontal o en el occipucio un vago diseño de figura humana y eran reducidísimos comparados con los de otros contemporáneos. A fuerza de sagacidad y paciencia se halló el motivo de tan sorprendente anormalidad. El diseño tenía extraña semejanza con la efigie del héroe cirenés grabada en las monedas y medallas».

LA MALDICIÓN DE CIRENE

Nuevamente estamos ante la integración de varios tiempos históricos demostrando su unidad, su condición dialéctica. En una especie de transformismo lammarckiano, los cireneses absorben de tal manera sus propias mentiras que llegan a somatizarlas a través de las generaciones, a cambiar sus cuerpos como signos de su degeneración (recuérdese que son los días de *Memorias de un venezolano de la decadencia*). Ahora bien: ¿cuál fue exactamente la maldición que degeneró a los cirenenses? ¿El culto desproporcionado e inmovilizador a un héroe o lo que lo produjo?

Hay mucho por descubrir en torno a la maldición de Cirene –la ficcional y la real– por lo que solo podemos adelantar algunas hipótesis: primero, el desnivel entre la realidad que los circundaba y las aspiraciones a las que se creían destinados. Acaso el único destello de sí mismos que parecía rozarlas estaba en la versión de su historia que se habían inventado y poco a poco creído. Segundo, la autocomplacencia que ese discurso les facilitaba con sus falencias de la hora, hasta hacerlos desentenderse de la obligación de resolverlas. Para cada fracaso del presente, había una gloriosa compensación del pasado. Tercero, la evasión de las grandes líneas históricas de su tiempo que, refugiados en el pasado, les pasaron por un lado sin verlas. Cuarto, la forma en la que ese culto, como palanca legitimadora de los tiranos, beneficiaba a la dirigencia y sus élites conexas. Sigamos con las mentiras. Que continúe la fiesta.

No es posible decir que todo era una mojiganga en Cirene; tampoco que el héroe no lo era porque después su memoria fuera destilada y manipulada con resultados desastrosos. Enrique Bernardo Núñez mismo llegó a reconciliarse un poco con su Cirene –como en general lo hicieron casi todos los venezolanos– cuando esta empezó a democratizarse y a dar señales de modernización, de «correr al porvenir». Incluso identificó en al menos uno de esos muchachos del 28 a los que pinta de manera tan poco entusiasta en su novela, Rómulo Betancourt, una oportunidad, una opción para que nuestros cráneos no se nos redujeran como primer signo antes de desaparecer. Por lo que nos cuentan algunos que lo trataron, sabemos que la rabia y la indignación de quien tal vez vio demasiado claro y demasiado lejos nunca desapareció del todo; pero es posible que haya muerto con algún atisbo de reivindicación.

Escribimos en 2013 y mucho de la maldición de Cirene parece seguir viva. De hecho, rebrotó cuando se la creía superada en sus aspectos más graves. Pero –y acaso para bálsamo del ánima de don Enrique– es solo *mucho*, pero no *todo*: no son pocos los que ven en ella el peligro que su cuento dibuja. Tampoco lo son los que pugnan por revertirla. El tiempo dirá cómo serán los cráneos de nuestros descendientes al final.

BREVE ENSAYO SOBRE LA BARBARIE

A los ochenta años de *Doña Bárbara*

Cuando en 1919 el antropólogo, lingüista y polígrafo merideño Julio César Salas (1870-1933) señalaba que «pone pavor en el ánimo más indiferente el examen de la estadística criminal de la República, y palpar el enorme número de procesados y sentenciados por delitos comunes», sabía exactamente de lo que estaba hablando. Cinco años antes, por una desavenencia menor, su hijo Carlos Salas Ruiz había sido asesinado de varios balazos. El homicida no logró huir, pero su condena fue de tan solo ocho años. Un exabrupto, según el padre adolorido, si se consideraba que actuó con premeditación, alevosía y nocturnidad. Como el personaje garciamarquiano de *Crónica de una muerte anunciada*, estuvo todo el día buscando a Carlos Salas por la ciudad, terciado con su revólver. Al final lo esperó, ya de noche, oculto tras una esquina por la que sabía iba a pasar. Cuando lo hizo, le descargó el arma.

Salas encontrará tiempo en su carrera de agricultor, escritor y paciente investigador para apelar. Publicó cuatro folletos con sus alegatos. En *Página autobiográfica*, de 1928 –inédita, como la mayor parte de su vasta obra– confesó que prefirió apartarse del ejercicio del derecho porque hay países donde la carrera de abogado «no significa ciencia sino intriga». Pudo comprobar en el trágico episodio de la muerte de su hijo hasta dónde esto era verdad: cansado de sus publicaciones, que ya eran escándalo en aquella Mérida aún neblinosa y de pocas calles, el juez de la causa, Domingo Sardi, decide resolver las cosas a la brava: lo intercepta en la calle, lo grita, lo insulta, parece una fiera más que un letrado. Salas, humillado, harto, intenta pegarle con su bastón, pero Sardi es más hábil: se le va encima, lo tumba, le saca la pistola que cargaba bajo su paletó –porque en Venezuela todos cargaban pistola– y estuvo a punto de dispararle con su propia arma si varios vecinos no los separan. Al final, es Salas el que va preso, por un mes. El juez está conectado con el padre del homicida quien, por cierto, tiene un cargo importante y muchas conexiones con el gobierno local. Esto ocurre ya a tres años del asesinato, en febrero de 1917. Cuando sale de prisión, Julio César Salas decide marcharse a Caracas.

Por eso cuando reflexiona, en su *Civilización y barbarie* (1919), sobre la situación venezolana de la hora y ve en la delincuencia la manifestación de todos los grandes males de su sociedad, estaba conectando sus reflexiones como profesor fundador de la cátedra de Sociología de la Universidad de Los Andes con las vivencias del hombre de letras angustiado con un entorno *bárbaro*. Esos grandes males eran la incapacidad de las élites para sostener la legalidad y la institucionalidad; la ignorancia del pueblo; el déficit de ciudadanía; la distancia de los valores de la modernidad (trabajo, ahorro); la ley del más fuerte como principio rector de las relaciones sociales y la violencia como su lenguaje común. *Civilización y barbarie* forma, con *Tierra Firme* (1908), *Lecciones de sociología aplicada a América* (1914) y *Etnografía americana* (1921), el corpus fundamental de lo que Salas publicó en vida, apenas una porción de las miles de páginas que dejó en cajas que aún aguardan por su edición. Y es, también, el punto más alto al que la filosofía positivista venezolana –incluso en la versión muy particular de Salas, tan deslindada de biologicismos– llevó su reflexión en torno a la barbarie, si descontamos la gran novela nacional venezolana que aparecería una década después: *Doña Bárbara* (1929), de Rómulo Gallegos.

Para Salas, como para Gallegos, la vieja dicotomía establecida por Domingo Faustino Sarmiento en su *Facundo. Civilización y barbarie* (1851) estaba tan clara como vigente. Por un lado andaba la civilización, vinculada a la ciudad y los valores de la Europa capitalista y liberal. Por el otro, la barbarie, es decir, la ruralidad americana, apartada de la legalidad –he ahí la homicida y terrófaga Doña Bárbara, capaz de cualquier delito en su condición de cacica llanera– y del *progreso*. Cuando se impusieran la ley, la regularidad, el trabajo, el civismo, la ciudad y el capitalismo, no serían posibles las doñas Bárbaras, los jueces Sardi ni los hombres fuertes y providenciales como Juan Vicente Gómez. Con eso soñaban. Por eso luchaban: Salas imprimiendo periódicos en Mérida y Gallegos escribiendo novelas de alcance continental y, pronto, metido en los torbellinos de la política.

La *barbarie*, entonces, como la antirrepública, como la negación de los sueños de civilismo y legalidad con los que se fundaron las repúblicas hispanoamericanas hacia 1830, es una de las líneas fundamentales que atraviesan su historia a lo largo, cuando menos, de los primeros cien años de vida independiente. Entre los sueños de la Sociedad Económica de Amigos del País –fundada en 1829 para el diseño de la Venezuela que, según todo lo indicaba, pronto emergería de los escombros de la Gran Colombia– y *Doña Bárbara*, van cien años de sobresaltos, sueños y desilusiones. Una centuria signada por la dialéctica entre el deseo, más o menos sincero, de nuestras élites por volvernos un país *europeo*, es decir, para ellas *civilizado*, y la realidad de un pueblo que no tenía –es más, que no tenía por qué tener unas aspiraciones similares.

En gran medida, si leemos los grandes proyectos con los que al cabo de ese período se rediseñó la vida republicana –el Plan de Barranquilla, en 1931; el Programa de Febrero y los manifiestos-programas de ORVE y del Bloque Nacional Democrático, en 1936– encontramos la vigencia de las seculares ideas liberales como aspiración para «el funcionamiento de un régimen de legalidad» que se «opondrá enérgicamente a las arbitrariedades», según leemos en el Programa de Febrero. O como dice el manifiesto de ORVE (Organización Venezolana): para «hacer de Venezuela un Estado Moderno». Es decir, justo lo que Salas y Gallegos identificaban como la *civilización*. Si les sumamos que el resto de sus postulados se alineaban con el desarrollo educativo –desde la alfabetización hasta la promoción de la educación técnica– y con la industrialización como otros dos aspectos comunes y esenciales, el cuadro termina de completarse.

No obstante, esa Venezuela que se rediseña en la cuarta década del siglo XX con el fin expreso de que dejara de ser *bárbara* pronto se va a encontrar con que las certezas de una generación atrás ya no estaban tan claras. En las tesis del Partido Democrático Nacional, de 1939, y de su heredero, Acción Democrática, aparecen matices importantes. Aunque se declara, por un lado, como correspondía a todo partido moderno del momento, no *demo-liberal*, por el otro señala una visión autónoma frente a quienes desdeñaban los sistemas *demo-liberales* (fascistas y comunistas) y frente a lo que, en el visor general de la élite hasta el momento, se llamaba *civilización*. Aunque ya no discurre en los mismos términos de Sarmiento, no hay que olvidar que el presidente del partido es nada menos que Rómulo Gallegos, a quien en 1948 sus planchas elevarán a presidente de la República, el primero elegido por voto universal, directo y secreto. Acción Democrática ya es un partido que no acepta acríticamente lo que venga de Europa. Tanto el fascismo como el comunismo soviético le parecen regímenes susceptibles de una tiranía peor que la gomecista, en el sentido de que países cultísimos de la vieja Europa pudieran ser más bárbaros que nosotros en eso de la arbitrariedad de un jefe, la violencia en las relaciones sociales, el delito y la falta de institucionalidad –¡y aún no se sabía nada de la corrupción de sus élites, con sus grandes cuentas en Suiza; ni se podía sospechar lo que estaban haciendo sus tropas en la Europa ocupada en cuanto homicidios y genocidios!–.

Es una conclusión a la que no se llega, al menos no de esa manera, rápidamente; pero que quedará clara para muchos cuando, una vez terminada la guerra y, una década después, con la desestalinización, se revelen los rasgos más oscuros de los totalitarismos. El muy desprestigiado liberalismo –considerado una antigualla por los revolucionarios de izquierda y de derecha de las décadas de 1920 y 1930– reaparece en algunos círculos intelectuales y universidades anglosajonas estimulado por la reflexión de lo que puede pasar cuando sucumbe el imperio de la legalidad y del control y equilibrio de los poderes. Hay quienes, tímidamente, empiezan a hablar de «la barbarie nazi». Pero el grueso de los venezolanos no terminará de procesarlo y seguirá bajo el influjo típicamente *subalterno, endorracista* (es decir, de asumir una actitud racista hacia sí mismo: soy inferior) de que la barbarie se refiere a un rasgo hispanoamericano y no ético más general, posible en gentes rubias en climas templados; gentes que no violentan la luz del semáforo, que pagan sus impuestos, que son austeros, ahorrativos, emprendedores. La clave de la barbarie, entonces, responde sobre todo a valores sociopolíticos generales.

A la vuelta de medio siglo, para inicios de los años del 2000, la *barbarie* ya era un término caduco, justamente desprestigiado por su carga peyorativa y, repetimos, *endorracista*. En conjunto, Hispanoamérica estaba gobernada por regímenes civiles, civilistas –no siempre los civiles son civilistas–, respetuosos de las reglas de juego esenciales de la democracia liberal y de la economía de mercado. Venezuela se presentaba como el más antiguo y sólido de todos. Un sueño para Gallegos o Salas sesenta años atrás, aunque en esto de la economía de mercado, más del segundo que del primero. Las sociedades se habían urbanizado y, las poblaciones, alfabetizado. Doña Bárbara parecía, con razón, una figura de épocas lejanas y superadas. Sin embargo, el olvido de otras «barbaries modernas» –totalitarias– cuya completa derrota en Europa algunos entusiastas identificaban con la caída del Muro de Berlín, hizo olvidar un par de cosas: que esos atributos que los decimonónicos atribuyeron a la *barbarie* son posibles en regiones muy urbanizadas, con poblaciones educadas y de clase media. Que no se trata de determinismos raciales o geográficos.

¿Era o no la delincuencia en 1998, en 2000, un problema peor en Venezuela que en 1919? ¿Estaban extendidos los valores de la iniciativa empresarial, el trabajo y el ahorro en un país subsidiado por la renta petrolera? ¿En serio las formas liberales garantizaban el control de los poderes y la legalidad? ¿Era la sociedad menos violenta que en los días en que Doña Bárbara mandaba a liquidar a sus rivales con sus pistoleros? ¿O el sicariato se había quedado en el Apure de la década de 1920? No es el momento para adentrarnos en la madeja que explica cada uno de estos fenómenos. Solo lo haremos en la puesta en evidencia de uno de ellos: en la quiebra de los valores del republicanismo y el liberalismo, es decir, no en el hecho de que no existan tales valores –a su modo, siempre existieron, incluso con forma de ley, desde 1830– sino en el que, existiendo, no estén extendidos, o sean efectivos, o tengan realmente convencidos a los ciudadanos; se trata de una circunstancia que marca eso que hace un siglo se denominó *barbarie*. ¿Significa esto que la *civilización* solo es la europea moderna? En modo alguno. Así pensaban los decimonónicos, ahítos de tesis racistas, eurocéntricas e imperialistas. Se trata de que la ilegalidad, la arbitrariedad y la violencia son variables propias de las crisis de las civilizaciones, que se miden desde los conceptos que sobre esos términos tiene cada una. Los ejemplos van desde la China y el Egipto antiguos hasta la Venezuela contemporánea.

Como en la Alemania y la Italia de 1920, cuando en el mundo moderno y occidental la institucionalidad republicana deja, por una razón o por otra, de funcionar, los pueblos desesperados –y no necesariamente campesinos del hato Altamira– aplauden a quien se atreva a patear la verja para encontrar una solución a sus males. Por eso, Doña Bárbara estará siempre de vuelta cuando la debilidad de las leyes y las instituciones se lo permitan. Alfabeta, conectada a Internet, acaso ahora con pistas clandestinas en sus tierras para negociar nuevos productos más rentables que el ganado, con sus sicarios propios y funcionarios y Mujiquitas tarifados; relacionada con gobiernos arbitrarios que se burlan de las instituciones. El problema básico que denunció Gallegos mantiene vigencia.

Lo que determina la *barbarie*, o como corresponda llamarla ahora, no es ser europeo o citadino; sino la presencia de determinados valores contrarios a los que la civilización del momento tiene por superiores. Julio César Salas –quien centró su estudio en los valores y no en los determinismos, a contravía de sus contemporáneos– sabía exactamente de lo que hablaba: de lo que vibraba en la cabeza y en el corazón de dos citadinos, estudiados, de clase alta, seguramente blancos, que acaso despreciaban a una *guaricha* como Doña Bárbara; del homicida de su hijo y del juez que prácticamente lo absolvió.

Debates IESA, vol. XIV, n.º 3, julio-septiembre 2009, 90-93

PERSONALISTAS, AUTORITARIOS (Y ADORADOS)

LOS OJOS DEL CENTAURO

Aquello parecía una carta de amor. Es probable que las lecturas de los místicos castellanos –porque el remitente era un hombre de fe y de letras– lo influenciaran en la redacción. Como el alma enamorada del *Cántico espiritual*, que anhela llegar a su amado, Dios, así Cecilio Acosta suspira por Páez: «¡Páez! ¿Por qué os detenéis aún lejos de nosotros? ¿Por qué no os ven ya nuestros ojos? ¿Por qué no os tocan vuestras manos? [...] Los corceles de la victoria están a vuestro lado; ellos beben el viento en la carrera. Tomad uno, montadlo, y partid al escape a nuestros brazos».

La situación de Venezuela se había vuelto insoportable. La inseguridad se había apoderado del país. La violencia empezaba a enseñorearse. El germen de la rebelión cundía en los campos y en los arrabales de las ciudades. Los más pobres, los iletrados, los negros estaban soliviantados. Hablaban de una oligarquía feroz, que les succionaba la existencia y que había que eliminar. Muchos temían una muerte de la civilización –de lo que entendían por tal– como la ocurrida unos treinta años atrás. Ante la magnitud de los peligros, era indispensable hallar una salvación, pero no se sentían con fuerzas para procurársela. Había que buscar un salvador, un hombre que pusiera orden y terminara de enrumbar las cosas hacia la paz y la prosperidad. Por eso insiste Acosta: «Queremos ver de cerca esa aureola de gloria, que no cabe ya, según se dice, en vuestras sienes»; por eso «queremos teneros a nuestro lado, y que estéis frisando con nosotros, para mirar de hito en hito esos ojos [...] para tocar cien veces vuestras manos, que han dado otras tantas la paz; y para recoger de vuestra boca embelesados esas palabras, que forman la historia del heroísmo, y darían materia sobrada para escribir un poema...». Sí, general Páez: «Venid; volad presto; tomad vuestros corceles de la victoria, y partid al escape a nuestros brazos».

A lo mejor los guzmancistas encontraron en la carta otro motivo para sus chistes y frases intencionadas sobre don Cecilio: que si nunca dejó de vivir con la mamá, que si no se le conoció mujer... Sin embargo, ese amor por Páez ni era suyo en exclusiva (otros, muy *machos* según los dictámenes del tiempo, vivían un embeleso similar, y si no lo escribían así de bien era tal vez porque no habían leído a san Juan de la Cruz) ni tardaría en tener su correlato en el amor que también ellos, los liberales, manifestarían en breve por el hijo de su líder Antonio Leocadio, *Antoñito* Guzmán Blanco. En todo caso, el episodio viene a cuento porque la búsqueda de un líder sobrehumano capaz de resolver todos nuestros males y al que nos podamos entregar confiados como el alma enamorada –y desesperada– se entrega a su esposo, a Dios, ha sido una constante en la historia republicana de Venezuela, indistintamente de que el anhelo en sí sea antirrepublicano. Y por lo mismo, ha sido también un motivo de permanente desasosiego para quienes han soñado con un orden de legalidad e institucionalidad, donde las fidelidades sean a ideas, leyes e instituciones y no a personas, a carismas concretos. Que hasta don Cecilio, el teórico de la historia y la educación, el que rebatía a Antonio Leocadio con sesudos ensayos, el meditador de cuestiones teológicas, el admirador de los Estados Unidos y su ética del trabajo, en un momento de desesperación haya caído en eso nos demuestra la amplitud y profundidad del mal. «No os detengáis», le escribe al *Centauro*, como lo llaman. «... No os detengáis, pues; partid volando, y llegad ya donde os podamos ver con nuestros ojos, y tocar con nuestras manos». ¿Qué le pasaba a ese hombre? ¿Qué es, en rigor, lo que nos pasa a los venezolanos cuando vemos los ojos y las manos de un Páez?

LA BÚSQUEDA DEL PADRE

Textos similares a los de Acosta se escribieron para el resto de los grandes caudillos nacionales. Tal vez cuando se haga la historia de la lisonja

en Venezuela –que ha de abarcar volúmenes– solo encontremos alguna
atenuación en los períodos democráticos y liberales de 1945 a 1948, de
1958 a 1998, y en la etapa más o menos autoritaria, más o menos liberal
y más o menos democratizadora del posgomecismo (1935-1945). Antes y
después, el país dominado por los hombres fuertes no escatimó en incienso
para exaltarlos. El solo hecho de que prácticamente todos se hayan inventado un título distinto, *ad hoc*, al de simples presidentes, ya dice bastante
de una idea; más que eso, de una urgencia, de superioridad que tanto ellos
como la sociedad requerían para darles –y para darse– legitimidad. No bastaba con ser un simple presidente; había que superar los parámetros de la
limitada y humilde presidencia republicana: todos tenían, además, que ser
unos héroes. A Páez lo llaman, por resolución del Congreso, El Ciudadano
Esclarecido, que es como decir que era un ciudadano igual a todos, pero
mejor: que ve más nítido, que piensa más claro, que tiene siempre la razón.
Lo llaman, también, el Centauro y el León de Payara. A Ezequiel Zamora,
que no llega a presidente –porque una bala lo mata antes– pero que fue
también un caudillo nacional, lo bautizaron como El Valiente Ciudadano.
Había que competir con Páez y, a falta de esclarecimiento, bueno estaba
el valor. A Julián Castro le pusieron el título de Ciudadano Eminente,
cosa que no obstó para que lo derrocaran un año después. A Falcón, y esto
gracias a Guzmán Blanco, quien, como veremos, entiende la naturaleza del
fenómeno antes que ninguno y decide aprovecharlo, la Asamblea Constituyente lo bautiza como El Gran Ciudadano y le otorga el rango, inexistente
en nuestro ejército, pero que sonaba rimbombante, de mariscal. Guzmán
Blanco, picando adelante otra vez, le da el título a todos los sobrevivientes
de la Independencia (es decir, a la generación a la que derrota y saca del
poder en la Guerra Federal) de Ilustres Próceres –el título, por supuesto, venía con una pensión, que en rigor se había instituido antes con un
funcionamiento regular, y que en algunos casos los descendientes siguen
cobrando hasta hoy– y se reserva para sí los de Regenerador, Pacificador e
Ilustre Americano. Es, entre otras cosas, un significativo cambio en el estilo:
ya no hay preocupación por presentarse con los atavíos de un ciudadano
excepcional; a partir de ahora los presidentes serán una suerte de demiurgos
capaces de transformarlo todo por sus solos arbitrios, fuerzas y voluntades:

son capaces de regenerar una sociedad que estaba tiranizada (eso es lo que significa «regeneración» en el lenguaje político de la época), de pacificar un país y de ser un epítome de gloria continental. Lástima que Cecilio Acosta se llevara tan mal con Guzmán: nunca tuvo un panegirista de su calidad.

Joaquín Crespo usa por primera vez el título de Benemérito. Linares Alcántara se hace llamar El Gran Demócrata. A Cipriano Castro ya lo habían bautizado como el Cabito, a imitación de Napoleón («Le Petit Caporal»), en su Táchira natal, pero al llegar a Caracas se colocará un título que hubiera dejado perplejo hasta al mismo Guzmán: El Vencedor, Jamás Vencido. También, por supuesto, le dicen el Restaurador. Con Gómez se resucita lo de Benemérito, aunque en términos oficiales solía preferirse el título de Rehabilitador. Así las cosas, es un acto evidente de democratización y regularización republicana el que López Contreras, al tiempo que cuelga su uniforme de general para ponerse un sobrio y cívico paltó, también haya prescindido de cualquier título que lo revistiera de heroicidad. Que la gente lo conozca por el cordial sobrenombre de El Ronquito refleja el paso trascendental de quien decidió dejar de ser un héroe casi sobrenatural para convertirse en un pedestre funcionario civil; de quien se bajó del caballo para tratar de persuadir desde la radio.

En su ya célebre libro sobre la venezolanidad y sus mitos políticos *La herencia de la tribu* (2009), Ana Teresa Torres busca una explicación, digamos, psicosocial, de estas ansias por conseguir un héroe. Entre las muchas causas que identifica y con agudeza desmenuza, sobresale la de un cierto sentimiento de orfandad peligrosamente extendido, que hace buscar a un padre y que es capaz de mitificarlo. No se trata solo de la muy compleja relación con Simón Bolívar, que es un *padre* que abandona a la *madre* –la Patria– para irse a otras tierras y tener otras hijas; sino que es un *padre* al que además traicionamos cuando echamos abajo su sueño grancolombiano y lo proscribimos del país. Esa relación, al fin y al cabo simbólica, expresa otras cosas: el deseo de una sociedad *matricentrada*, en la que el padre está ausente y su sustitución por otra figura –por ejemplo el caudillo protector en el siglo XIX o el Estado benefactor en el XX– resulta perentoria. En este sentido, cuando José Gil Fortoul, leal y eficiente servidor de Gómez, al tiempo que uno de los mejores historiadores venezolanos de todos tiempos, define al Benemérito como un padre «fuerte y bueno», no estaba sino identificando una realidad subyacente, algo que tal vez de forma sincera sentían todos los venezolanos: según el modelo de paternidad, sobre todo de la andina de la época –que es distinta al del resto de Venezuela, porque es mucho más definida y eficiente– Gómez hace lo que tiene que hacer: garantiza la comida al tiempo que disciplina a las mujeres y a los niños, con buenas zurras si es necesario. Muy de vez en cuando las acompañaba con alguna muestra de cariño, una palmada en la espalda, la invitación al hijo para que lo acompañe al pueblo. Pero, en una sociedad donde a los niños se les daban correazos en la casa y palmetazos en la escuela, ¿por qué el padre «fuerte y bueno» de *todos* los venezolanos no podía aplicar castigos proporcionales a sus hijos más creciditos y díscolos, por ejemplo el tortol? En una sociedad donde a los padres y padrinos, sobre todo si eran poderosos, hacendados, caudillos, se les besaba la mano para recibir la bendición y, en ciertas ocasiones, incluso se hacía de rodillas y con los brazos cruzados, ¿era extraña la pleitesía al gran padre nacional?

Guzmán Blanco, quien representa el curioso caso de un graduado universitario que decide hacerse caudillo después de analizar la realidad nacional, y del teórico sobre el caudillismo dispuesto a comprobar consigo mismo sus tesis, discurrió de forma similar. Los venezolanos, para él, éramos un «pueblo joven», es decir, un pueblo inmaduro, infantil. Con el tiempo, cuando, bajo la conducción de su mano severa, se coronasen sus reformas modernizadoras, finalmente madure y la ciudadanía le sea valor, entonces sí podría andar solo. En el famoso debate con Ricardo Becerra que escenifica poco antes de tomar el poder (1867), lo dice sin rodeos: en «sociedades incipientes [...] sociedades caóticas, sociedades en formación [...] el poder personal tiene que entrar por mucho en las combinaciones políticas...». Lo que llama el *prestigio personal*, apuntalado por diversas características, es la fuerza aglutinadora para encontrar un mínimo de orden y estabilidad. Él medita sobre las desventuras de su padre, el más grande de los políticos venezolanos de su siglo, e incapaz, no obstante, de tomar el poder. Su conclusión es la que años más tarde acuña Luis Manuel Urbaneja Achelpohl en su novela *En este país...* (1920): «¡Hazte General!». Antonio Leocadio pudo haber sido todo lo que le endilgaron sus enemigos y exaltaron sus seguidores, pero siempre fue raigal, dramáticamente civil. ¿Por qué había que hacerse general? Y no un general cualquiera, sino uno como el que fue la némesis de Antonio Leocadio como su formidable enemigo en la Guerra Federal, como su modelo, al que derrota sin dejarle nunca de temer: José Antonio Páez.

El papá para el pueblo-niño (como la «tesis de pueblo inepto» ha llamado el historiador Elías Pino Iturrieta a esta forma de pensar) no podía ser uno cualquiera; tenía que ser una «gran personalidad». Ya los teóricos contemporáneos del caudillismo han identificado cómo el prestigio, basado en la admiración que las dotes guerreras, las habilidades de rodeo, de jinete y de generoso patrón despertaban en el pueblo, jugó un papel fundamental en el apuntalamiento del caudillaje, siendo en eso, como en todo lo demás, Páez el caudillo hispanoamericano prototípico. Desde un poco antes de Carabobo los venezolanos se enamoraron de él. Es un amor que no se les quitó del todo hasta unos treinta años después. Que del todo no se nos ha quitado aún. Páez es el guerrero sin igual, el jinete sin comparación, el cantador de corridos, el domador –de mostrencos, pero del pueblo también– el bailador de joropo, el galán de mil amores, el vivo, ese Tío Conejo que con añagazas se burla de los españoles, los hace caer en trampas, los confunde; el valiente, ese Tío Tigre que en las Queseras del Medio, Puerto Cabello y Payara hizo prodigios legendarios; y llegó a ser, en breve, para la élite, que en gran medida comparte también esa fascinación con el pueblo, la garantía del orden para rehacer la república a partir de 1830: a su sola voz el pueblo levantisco se hace obediente. Sin él no hay república. Tal es su conclusión desde 1826, más o menos. Hasta Bolívar debe transigir con Páez en 1827 y ratificarlo pese a su rebelión. En 1835 le bastó un gesto para que la Revolución de las Reformas se rindiera y José María Vargas volviera al poder. Él sabe cómo controlar a Dionisio Cisneros. Él pacifica el Apure en 1837. Él acaba con las rebeliones de Orituco en 1844 y aplasta la de los campesinos liberales en 1846. A veces es generoso, como con los militares alzados en 1835; a veces recibe trofeos sangrientos, como la cabeza del *Indio* Rangel en 1846. En desgracia después de sus fracasos en 1848 y 1849, cuando su *prestigio* empieza a declinar en un pueblo que ahora ama a Antonio Leocadio Guzmán, todavía, al final de su vida pública, le quedan fuerzas para presentarse como un salvador en medio de la baraúnda de la Guerra Federal. Fue un episodio aparatoso del que él mismo se arrepentiría, como dice en su autobiografía, pero fue un episodio aleccionador, sobre todo para Guzmán Blanco. Creyéndose –y creyéndolo muchos– en 1861 capaz de hacer las cosas de treinta años atrás, se presenta como la solución para la anarquía que desangraba al país.

No puede, naturalmente. Ya su épica era un asunto de la generación pasada, y su prestigio no bastaba para poner a todos en el carril. Guzmán Blanco toma nota de lo sucedido: entiende que a su modo debe convertirse en un segundo Páez si de verdad quiere tomar el poder. Al principio intenta levantar el prestigio de Falcón, para gobernar por interpersona, pero después se dedica a construir su propio personaje, como lo hace un actor cuando se enfrenta a una nueva obra. La necesidad de grandes triunfos militares, que los obtiene, para sorpresa de todos; esos uniformes de mariscal francés (dirá, en una humorada que se haría célebre, que era mejor que todos los mariscales de Francia); ese porte imponente que logra con ellos, con sus corceles blancos, con su barba; ese egocentrismo, esa vanidad; esas estatuas que se manda a erigir; esa afán de bautizar todo con su nombre y de tapizar la república con su efigie; esa capacidad para hacer cosas «como por arte de magia», como diría uno de sus adláteres: bulevares, palacios –no importa que de mampostería y estuco: lo importante es la sensación–, caminos, ferrocarriles; todo eso tenía, en el fondo, un sentido: hacerse un segundo Páez, una gran personalidad, hacerse un héroe ante la admiración nacional. Lo logró: todas las evidencias indican que el *Ilustre* fue «un ídolo y un déspota», como lo definió William Eleroy Curtis en su *Venezuela, país del eterno verano* (1896). Todas también indican que a inicios del siglo XXI el venezolano lo recuerda más bien con admiración.

«Adoradores de la fuerza», como nos describió César Zumeta –quien al final terminaría también volviéndose uno, plegado al Benemérito– en su feroz ensayo *El continente enfermo* (1899), parece que en Venezuela no hemos hecho sino buscar un líder. En Venezuela «siempre el prestigio personal ha sido la última razón», dice Guzmán Blanco en su debate de 1867 con Becerra. Guzmán Blanco sabe que el personalismo es lo contrario al republicanismo; incluso lo dice con esas palabras cuando se refiere a Páez: «la República para 1840 había dejado de ser, en sus condiciones de tal. Al pueblo habíase sustituido un hombre, y al voto de los pueblos, la voluntad de ese hombre»; pero no encuentra otro camino para llevar adelante el proyecto que se ha trazado. Congruente con sus conclusiones, en 1870 instauró el régimen más personalista de todos cuantos había tenido Venezuela hasta entonces –incluyendo la dictadura de José Antonio Páez, de 1861 a 1863– y, en gran medida, de todos cuantos tendrá en la posteridad, incluyendo el de Juan Vicente Gómez. El éxito que obtuvo garantizando dos décadas de relativas estabilidad, prosperidad y reformas modernizadoras pareció darle la razón y convenció –o al menos confirmó, porque no fue el primero en gobernar de esa manera– a muchos de sus compatriotas de la bondad de un hombre fuerte en el poder. Por eso es tan emblemático que haya eludido la palabra *ciudadano* en su título: porque la antirrepública, que hasta el momento, que en las alianzas de la élite con Monagas y con Páez, que incluso en la dictadura de este último había sido considerada un mal necesario pero en modo alguno deseable, se vuelve una doctrina. Laureano Vallenilla Lanz, cuando le da ropajes positivistas y la estructura como doctrina –el Cesarismo democrático– para legitimar el gobierno de Gómez, no estaba sino trajinando un camino ya andado. Nuestra república habrá de ser, entonces, la que un césar debe gobernar. Y para ser un césar es necesario, también, ser un héroe. Pero hay más: todo césar termina siendo también una forma de rey.

LA AÑORANZA DEL REY

En la configuración de la orfandad venezolana, Ana Teresa Torres barrunta que la raíz última de ese deseo por seguir a un papá viene de la ausencia, que desde 1810 no hemos sabido remediar, de esa dualidad Dios-Rey que le daba sentido al universo colonial. No se trata, pues, de una suerte de locura, de trauma infantil, o no solo de eso; sino de un problema institucional que, a través de los césares, de alguna manera logramos resolver. El amor de Cecilio Acosta y de Vallenilla Lanz no era un capricho: se asentaba en las lecciones de una realidad.

Germán Carrera Damas habla de la pervivencia de una «conciencia monárquica» que solo muy lentamente ha ido cediendo. Advierte que ha sido así dondequiera que la monarquía ha sido abolida y pone ejemplos tan clamorosos como el francés. La necesidad de llenar el inmenso hueco que dejó la expulsión de Dios de los asuntos políticos y el derrocamiento de la Corona fue un reto tan grande que, al final, muchas sociedades europeas desistieron de experimentar: en su gran mayoría, las reformas liberales se hicieron finalmente de la mano de un rey, o de algo bastante parecido a él. Si, partiendo de la figura emblemática e imitada de Napoleón, nos detenemos en la historia europea vemos que la república es, en el Viejo Continente, un fenómeno general solo a partir de la Segunda Guerra Mundial. Hubo incluso un caso, el de España, cuyo retorno a la monarquía fue precisamente el que le permitió su liberalización y democratización plena. Hasta que las fuerzas aliadas no acabaron con los líderes nazi-fascistas que en Alemania y Europa Central habían ocupado el lugar de los destronados emperadores que habían perdido la Primera Guerra Mundial, a veces incluso como sus regentes (caso Hungría) o que en otros sitios –Italia, Bulgaria, Rumania– habían pactado francamente con ellos; hasta ese momento los jefes de Estado eran hombres con uniformes de mariscales y pechos constelados de medallas como los de Guzmán Blanco. Donde los reyes siguieron, esto continúa siendo así. Es evidente, entonces, el tipo de atributos, de claves y guiños que simbólicamente Guzmán Blanco quiso tener para sí.

El problema es que en Venezuela no había una nobleza lo suficientemente fuerte con la que pactar una monarquía constitucional, ni en el pensamiento de la mayor parte de los venezolanos, seducidos más bien por la experiencia norteamericana, eso era deseable. Pero al mismo tiempo vivir sin un rey en 1820 o en 1830 era muy difícil, era casi imposible. ¿Quién podía tener su legitimidad para gobernar? El rey era una figura lejana y superior (de ahí lo de «majestad» y «alteza»), cuyos dictados llegaban de un más allá al otro lado del océano y, a nuestro modo, obedecíamos: ¿qué hijo de vecino podía ocupar su lugar? ¿El hijo de la panadera y del tendero isleño que ahora viene con su uniforme de mariscal francés; *Simoncito* Bolívar, con todo y sus cacaotales y esclavitudes? Ante eso, los presidentes –algunos de forma deliberada, otros inconscientemente– hubieron de convertirse en pequeños reyes, pero a falta de abolengo ensayaron otra ruta: convertirse en héroes. Sí, en césares, que es algo así como un rey proclamado por el pueblo, como el rey de una república: tal fue, en esencia, la «refundación de la república» que hizo Augusto; esa especie de instancia intermedia; de, si se nos permite la comparación, «monarquía constitucional» que, por algo, admiraron tanto Miranda y Bolívar. Todos nuestros presidentes, entonces, esperaban haber triunfado en su respectiva Galia para después tomar el poder. Páez en Carabobo, Guzmán Blanco en Apure, Gómez en Ciudad Bolívar: los lauros militares tenían un efecto, en el imaginario, mayor al muy concreto de haber derrotado al enemigo. Eran el pasaporte que esperaba el colectivo para sentir como legítimo el paso de cada caudillo por su respectivo Rubicón. Domingo Monteverde –cuando ocupa Caracas después de la reacción realista de 1812, destruye la república y pronto empieza a destruir también la monarquía con un gobierno personalista y autónomo de las autoridades españolas– es el primero en hacerlo. Incluso inaugura lo de los títulos al llamarse el Reconquistador.

Simón Bolívar, quien en rigor no fue un caudillo, con todo, hizo otro tanto después de la Campaña Admirable, en la que derrota a Monteverde. Además, sigue con lo de los títulos al ser llamado Libertador. A partir de entonces, gozará de un culto a la personalidad y de una épica para apuntalar su condición superior que al principio no tiene otro objetivo que el de llenar la crisis de legitimidad que se desata con la ruptura con el rey. Sus luchas políticas son tan intensas para vencer a los realistas como para convencer al resto de los republicanos criollos de que es él, y no otro, el que debe gobernar. Sus ideas políticas reflejan una larga meditación por encontrar un sustituto de la monarquía, incluso una solución intermedia entre el Antiguo Régimen y la república liberal. Por algo Roma y Gran Bretaña son sus modelos. Algunos le ofrecen la corona, y otros temen que se la quiera poner. Pero él, cuando afirma aquello de que el título de Libertador es superior a cualquier otro, está poniendo las cosas en su lugar: es preferible ser un héroe que ser un rey. Sus propagandistas lo comparan con guerreros clásicos, sus poetas le componen odas, los pintores lo plasman con gestos napoleónicos, los sacerdotes lo parangonan con héroes bíblicos, dicen que la Providencia claramente lo ha ungido para gobernar: en fin, su culto arranca bastante antes de que entrara a la posteridad. Ya no está el padre que era el rey: está uno nuevo, el de la patria, incluso algo mejor que un rey: un Libertador... y, después de él, un Ciudadano Esclarecido, un Ilustre Americano, un Rehabilitador. Son personalistas, porque tejen el poder en torno a su gran personalidad y no a sus cargos, porque el cargo –presidente– no tiene la fuerza de aquel al que sustituye –el del rey– y la nueva base de legitimidad, el heroísmo, no es transferible; son autoritarios, porque están por encima de todos y de todo, su autoridad no tiene cortapisas; y son amados, porque ejercen desde el poder y su carisma un encanto especial; porque los venezolanos aman a los hombres así.

Pero con todo, cumplen con su misión: la república logra sobrevivir. Pactando con las élites (como Páez), o francamente promoviéndolas (como Guzmán y Gómez), les dan el margen de acción mínimo para que desarrollen, hasta donde les fue posible, su proyecto republicano y liberal. Incluso, cuando en 1928 aparece una generación de venezolanos que se opone al personalismo y que piensa en términos colectivos; que se unifica con una boina, en contraste con las «grandes personalidades» que se hacían levantar estatuas y poner su rostro en las monedas; que poco después funda partidos y que, de algún modo, hace que el sucesor del Benemérito no se invente un título para gobernar; cuando ocurre eso, a casi cien años de vida republicana, en buena medida se demuestra que los pronósticos de Guzmán se habían cumplido: por fin habían nacido unos venezolanos que no se sentían necesitados de un papá «bueno y fuerte» para vivir; por fin el pueblo-niño había dejado de serlo y podía disfrutar de la ciudadanía. Los muchachos del 28 en buena medida alcanzan durante setenta años este objetivo. Es cierto, hubo personalidades muy fuertes, con liderazgos inmensos, que no pocos calificaron de caudillescos, pero nada parecido a un Gómez o un Guzmán. El punto es, a inicios del siglo XXI, cuando un sector del país tiene otra vez una *gran personalidad* dirigiéndolo y otro sector se lamenta por no tenerla: ¿se trató nada más de un paréntesis? ¿O es cierta la teoría de Augusto Mijares en su *Interpretación pesimista...* de que hay dos tradiciones que, se intercalan, una caudillista y otra de sociedad civil; que los cien años caudillistas de 1830 a 1935 fueron el paréntesis entre los trescientos coloniales de sociedad civil y los setenta que van de López Contreras a Chávez? Por supuesto, acá cabrían demasiadas preguntas: ¿de verdad la Colonia fue tan institucional como la imaginó Mijares? ¿De verdad Chávez es, como lo ven sus adversarios, un caudillo del siglo XIX redivivo, o es básicamente otra cosa, que escapa de cualquier calificativo, según pregonan los intelectuales que lo siguen? Eso que Juan Carlos Monedero, tal vez el más destacado de ellos, escribió sobre el «hiperliderazgo», para escándalo del mismo presidente, y del «cesarismo progresista», en el que un césar, de nuevo esclarecido pero ahora revolucionario, llevará las cosas a la felicidad socialista que una sociedad inmadura colectivamente no puede lograr: ¿qué tan lejos está de Vallenilla Lanz? Hoy, ¿cuál de las tradiciones domina, cuál parece tener la baza del futuro? La respuesta queda abierta, más allá de que en los bandos no falte –en uno, mucho más atento a la tradición del Libertador, del Valiente Ciudadano y de otros héroes del pasado fundacional más que en el otro, es verdad– quienes suspiren por los ojos de sus propios Páez. Quienes busquen como el alma enamorada de san Juan los brazos de su adorado dios particular. La buena noticia es que parece haber otros más dispuestos a vivir sin un papá castigador; dispuestos a jugárselas completas por la cívica, republicana y adulta libertad.

Debates IESA, vol. XV, n.º 3, julio-septiembre 2010, pp. 88-92

¿BAJO EL SIGNO DE LA VIRTUD ARMADA?

¿DÓNDE ESTAMOS?

Se escriben estas líneas teniendo como fondo el rumor de los funerales de Hugo Chávez. Determinar, por lo tanto, dónde estamos parados en momentos en los que la incertidumbre se apodera de toda la sociedad es un reto muy grande, aunque acaso nunca ha sido tan urgente. Es muy temprano para saber cuál es el estado real de las cosas. Probablemente nadie lo sepa ahora a ciencia cierta, por lo que tomar alguna distancia para ver el panorama de lejos y trazar unas líneas matrices, un poco en el estilo de la *prospectiva histórica*, tal vez sea lo mejor que tengamos en el momento para llegar a algunas hipótesis razonables sobre las posibles vertientes de desarrollo de la sociedad venezolana.

No se trata de futurología o de simple adivinación; ni de los métodos de carácter prospectivo que con variada suerte usan los politólogos y los economistas para proponer escenarios. Se trata de determinar algunos procesos nodales en la historia y, con base en ellos, señalar algunas tendencias que pudieran cumplirse o no de acuerdo con nuestras decisiones u otros imponderables que se aparezcan en el camino. La historia no puede hacer mucho más ya que no es una disciplina nomotética, como el fracaso de los historicismos lo ha comprobado hasta la saciedad, pero al menos es algo para comenzar.

Veamos: en estos momentos, después de una semana de multitudinarios funerales de Estado, el cadáver del presidente Chávez es llevado al Cuartel de la Montaña –como se rebautizó a la vieja Escuela Militar de La Planicie, en Caracas– para tener allí un descanso provisional (todo indica que el descanso eterno le ha sido esquivo, al menos al cuerpo) mientras se construye un mausoleo a la medida de la gloria que en él identifican sus seguidores, o resuelven cómo llevarlo al Panteón Nacional de una manera que sea más o menos legal. Por diversas razones, estos acontecimientos parecen resumir algunos de los fenómenos más recurrentes en la historia venezolana: el personalismo, el culto a los héroes y el militarismo. Un presidente invicto en cuatro elecciones –y que logró hacerse con casi todo el poder del Estado a través de una docena más de eventos comiciales– no solo se encargó de subrayar su poder usando el uniforme cada vez que pudo y aceptando que lo llamaran *comandante-presidente*; sino que, en vez de ser velado en el Capitolio, como correspondiera a un jefe de Estado, lo ha sido hasta hace unas horas en la Academia Militar, vestido con el *uniforme patriota* verdeoliva que impuso, para finalmente ser inhumado en un cuartel. ¿Qué nos dice todo esto? ¿Que estamos ante los restos de un caudillo, como insisten en definirlo incluso algunos de sus aliados, como Pepe Mujica? ¿Que se trata de un dictador con devaneos monárquicos, si comparamos su entierro con, por poner un caso, el de Rafael Leónidas Trujillo?

Las claves simbólicas de su sepelio parecen darle la razón a quienes han dicho que definir a Chávez es muy difícil. Lo hacen sobre todo sus simpatizantes, con resultados no siempre convincentes, para negar que haya sido un simple dictador o un caudillo (no todos tienen la tranquilidad de Mujica para definirlo así) o un líder comunista. En las siguientes páginas trataremos de esbozar dos aspectos –no excluyentes de otros– que nos pueden ayudar a entender al personaje, el régimen que encabezó y a la sociedad que lo aplaudió y entronizó. Primero, ciertos valores militaristas o pretorianistas que arrancan con la república y desembocaron en él; después, la manera en que se recondujeron en nuestra modernidad. La idea es ver en esto dos líneas históricas que tal vez puedan proyectarse en nuestro futuro mediato.

DE DÓNDE VENIMOS: LA VIRTUD ARMADA

En su famoso libro sobre los caudillos latinoamericanos, John Lynch ha señalado que muchos de los atributos de los caudillos se transfirieron a los líderes que los sustituyen en el poder hacia la década de 1930. Es una tesis que se respalda en abundantes evidencias: el clientelismo, el autoritarismo, el personalismo e incluso el uso discrecional de la violencia siguieron –y siguen– presentes, aunque con grados distintos, en los dirigentes democráticos y revolucionarios o en los oficiales de los ejércitos modernos que emergen entonces y que durante casi un siglo se han turnado, o han compartido, el poder. Lynch no redunda en explicaciones al respecto, pero no por eso es imposible inferir algunas hipótesis. Por ejemplo, que se trata de un fenómeno que hay que analizar en el marco de los valores de nuestras sociedades, en especial de los atributos que desde hacía un siglo han venido asociándose con el poder, así como a su construcción simbólica. No por cambiar de origen (en vez del éxito como caudillo, ganar elecciones o formar parte de un Ejército capaz de dar un golpe de Estado) tenían necesariamente que desaparecer: consciente o inconscientemente, muchos de los nuevos líderes sintieron que eran merecedores de estos símbolos y atributos en cuanto conductores de la sociedad, del mismo modo que muchos de los ciudadanos se lo reclamaron como quien espera que un nuevo actor desempeñe un rol ya fijado desde hace siglos.

Pero una cosa son los atributos y el Estado del caudillo que sigue al borbónico, en el que la ruptura de la estructura de poder interna –como llama Germán Carrera Damas al proceso– obligó a que el poder de un hombre y su ejército privado garantizara un mínimo de orden, para que el resto de la élite organizara una república hasta donde eso fuera posible (casos: Juan Manuel Rosas, José Antonio Páez o Antonio López de Santa Anna); y otra es el Estado pretoriano –ahora citemos David C. Rappaport, a través de Domingo Irwin– donde un Ejército profesional mantiene el control sobre la sociedad en el marco de una institucionalidad más o menos desarrollada y bajo un liderazgo de espíritu, digamos, corporativo. Por eso, aunque desde el siglo XIX se habla en Venezuela de militarismo –por ejemplo, los autores de aquella centuria definieron como *Partido Militar* al que le dio el golpe a José María Vargas en 1835; y también al que apoyó a Páez frente a los gobiernos civiles de Manuel Felipe Tovar y Pedro Gual– es bueno señalar que se trató, como mínimo, de militares distintos. Una cosa es Juan Vicente Gómez, que fue una suerte de supercaudillo capaz de derrotar a todos los demás, y otra el Ejército que lo hereda y que, a través de sus mandos superiores, gobierna en alianza con otros sectores hasta 1945.

Por supuesto, entre ambos se tendieron varios puentes ideológicos, como el que, siguiendo a Manuel Caballero, podríamos llamar de la *virtud armada*. Es una frase que paradójicamente pronuncia uno de los militares más civilistas de nuestra historia, Antonio José de Sucre, en su discurso ante la Asamblea General de los pueblos del Alto Perú el día de su instalación, el 10 de julio de 1825: «El ejército, ¡este cuerpo que justamente se ha llamado la *virtud armada*!». En un ensayo hoy casi olvidado, Manuel Caballero, Inés Quintero y Elery Cabrera retoman la frase para definir esa conducta en la que el valor físico para defender la república con las armas representa un mérito superior al de las otras virtudes cívicas para ascender política y socialmente que en Venezuela se impone en la Emancipación tan pronto sus primeros ensayos cívicos fracasan para hundirse en dos décadas de guerra[1]. Ya los densos –pero no por eso menos joviales– discursos de Juan Germán Roscio, las doxas razones de Miguel José Sanz, incluso las arengas de Coto Paúl carecían de sentido: frente a Monteverde o Boves la mejor, prácticamente la única forma de ser *patriota* (lo que era sinónimo de republicano) era tomar la lanza y saberla usar para embestir. Y no es que en el resto de las repúblicas clásicas o modernas el *cursus honorum* careciera de un componente militar; es que al fracasar los deseos de embridar a los jefes que emergieron de la Independencia (primero los de Bolívar en convertirlos en una casta senatorial; y después los de la llamada *oligarquía conservadora* para someterlos al control liberal y civil), ese componente se convirtió en el fundamental y –para ciertos casos, como la presidencia– el único a considerar.

Así, aunque el Ejército profesional surge a principios del siglo XX con el deseo expreso de diferenciarse de los caudillos, de algún modo se asumió heredero de la *virtud armada*. En otro estudio hemos visto la manera como Eleazar López Contreras, en su esfuerzo por dotar a ese Ejército de una doc-

---

1   Manuel Caballero, Inés Quintero y Elery Cabrera, «De la antimonarquía patriótica a la virtud armada: la formación de la teoría política del Libertador», *Episteme, Revista del Instituto de Filosofía*, n.º 5-6, Caracas, 1986, pp. 9-40.

trina que lo separara de todo lo anterior, echa mano del Ejército Libertador como claro antecedente de un profesionalismo militar venezolano. Las evidencias y argumentos que presentan son muy convincentes, pero no previó una consecuencia que esto traería a largo plazo: la convicción de que el nuevo Ejército es heredero directo del Libertador lo hace, también, heredero del derecho a seguir construyendo la república, es decir, gobernándola[2]. No se puede decir que las tendencias pretorianas que empiezan a perfilarse en las logias militares de la década de 1940 se deban a estos argumentos, pero sin lugar a dudas le sirvió como una estupenda justificación.

¿DÓNDE ESTAMOS? ¿HACIA DÓNDE IREMOS?

Las logias militares se vieron a sí mismas como agentes de modernización. Aunque es otra característica que comparten con ciertos caudillos, los de «orden y progreso» –de nuevo una categoría de Lynch– que gobernaron a través de una especie de despotismo ilustrado (es decir, de un gobierno absoluto que impone la modernidad: el Páez de la dictadura de 1861-63, sin éxito; o los de Guzmán Blanco e incluso Gómez, con un poco más de suerte) ya actúan en una sociedad que ha cambiado. El petróleo, por una parte, la urbaniza y crea nuevas clases sociales; y por la otra, permite construir un Estado poderoso y rico. Del mismo modo, y producto de otra línea de desarrollo histórico que sabrá aprovechar estos cambios, Venezuela se va democratizando. ¿Cómo, entonces, el militarismo (o pretorianismo) pudo mantenerse e incluso reinventarse en este contexto?

Lo que hace el «Ejército del Pueblo», como se llama a sí mismo, con el «Partido del Pueblo» el 18 de octubre de 1945 termina siendo el modelo a seguir: asociarse de alguna manera con las grandes fuerzas históricas. Algunos militares lo hacen porque están sinceramente convencidos de ellas; otros solo para controlarlas hasta donde fuera posible. En 1948, un grupo de los segundos cree llegado el momento de actuar solo; lo ensaya durante diez años pero fracasa al final: para 1958 la sociedad parece rechazar tajan-

---

2   T. Straka, «Guiados por Bolívar. López Contreras, bolivarianismo y pretorianismo en Venezuela». Publicado en varias partes, finalmente se recogió como el capítulo v de *La épica del desencanto. Bolivarianismo, historiografía y política en Venezuela*, Caracas, Editorial Alfa, 2009, pp. 173-202.

temente la posibilidad de un régimen militar. Los golpes que se intentan contra el nuevo régimen son derrotados política y militarmente; y poco después, con el inicio de las guerrillas, el Ejército termina de alinearse con el sistema democrático al enfrentar a un enemigo común. Dentro de los pactos formales y tácitos que se articulan entonces, jugará un papel importante. Si vemos bien, es una forma renovada de la alianza de 1945, aunque ahora ocupando los militares, al menos públicamente, un protagonismo menor. Dondequiera que la democracia moderniza –expansión educativa, industrialización, sobre todo en las áreas básicas; nacionalización de los recursos, políticas sanitarias– están las Fuerzas Armadas como aliadas primordiales. El inmenso prestigio que según todas las encuestas tenían a finales de la década de 1980 en buena medida es un reconocimiento a esta labor.

Pero no por eso desaparecen las tendencias pretorianas. Es un tema que apenas se comienza a estudiar, pero preliminarmente puede decirse que confluyeron dos tradiciones: una del militarismo tradicional, y otra de izquierda. En efecto, a partir de la década de 1970 nuevamente se reagrupan algunas logias, esta vez influenciadas por la izquierda que se traza –y con éxito– el proyecto de infiltrar el Ejército. Son logias que simplemente están esperando una oportunidad, y cuando el régimen político y el sistema socioeconómico entran en crisis a finales de la década de 1980, ven llegada la hora. Una forma de interpretar lo que pasa entre 1989 y 1998 es hacerlo como la lenta muerte de los partidos, cuyo lugar pugnan por llenar otros sectores del sistema de conciliación imperante –los medios, los empresarios, en ciertas áreas la Iglesia, incluso algunos sindicatos «antisistema», como los de la Causa R en Guayana– para que al final lo ocupe el Ejército. Incluso puede decirse que los conflictos de 2002 y 2003 no fueron sino el episodio final de esta pugna: por un lado, lo que quedaba de los viejos partidos y sindicatos, con los empresarios, los medios y una parte significativa de la Iglesia, y por el otro el Ejército y un movimiento de masas en ciernes.

Pero el Ejército no gana la partida solo, ni por sus solos métodos. Hugo Chávez y quienes lo rodean logran hacerlo porque en ellos se integran todas las líneas anteriores: por un lado, su liderazgo encarna muchos de los atributos del caudillo que jamás desaparecieron del todo, ni siquiera en la etapa de la democracia civil (personalismo, clientelismo, autoritarismo); por el otro, el valor de la *virtud armada*, que tampoco desaparece completamente, se reconduce por dos vías: la de declararse heredero del Libertador –lo que ya habían hecho con éxito Guzmán Blanco, Gómez y López Contreras, y en grados menores todos los demás– y la de ser militar. También logra insertarse en el modelo político haciendo del voto un arma esencial para amasar el poder (en una sociedad, claro, donde para muchos el concepto de democracia se reduce a simplemente votar). Así, de algún modo, ofrece y hace lo que los partidos hacían hasta la víspera (además, siempre tuvo el apoyo de algunos de aquellos partidos: reducirlo solo a un fenómeno militar sería un error). Por último, cuando controla al Estado, con sus inmensos recursos, le resulta relativamente controlar lo demás. Es decir, justo aquello que parecía hacer imposible al caudillo –un Estado y un Ejército poderosos– ahora apuntala su liderazgo –su hiperliderazgo– demostrando lo que tiene de ruptura, junto con lo que tiene de continuidad. Es que Chávez, hay que insistir, ya fue otra cosa: fue el control pretoriano sobre un Estado moderno y rico; pero un control bendecido por el apoyo popular. Un cesarismo moderno.

Al morir, deja un Ejército con las históricas tendencias pretorianas más afianzadas que nunca, por lo que es de suponer que se proyectarán en el futuro. Sobre todo en el marco de un control muy grande de la economía por el Estado (Estado que los militares controlan en gran medida). Pero deja también la vocación democrática, al menos la de convocar comicios, en una población que, en una mitad, admiraba el liderazgo personalista y clientelar del presidente fallecido; pero que, en la otra mitad, por todo un piélago de razones, no estuvo con él. ¿Cómo resolver eso sin un líder similar a la vista y con recursos mermados en el Estado? ¿Cómo se reconducirá a mediano plazo la *virtud armada* en el poder? Podemos intuir, viendo las líneas históricas, lo que necesitaría para hacerlo (un Estado con músculo, un líder con los atributos del caudillo); pero no está tan claro cómo lo va a conseguir, si es que lo consigue.

Sabemos que las líneas anteriores tienen mucho de generalización, que cada idea acepta matizaciones y el contraste de otras variables; pero, escritas en medio de las turbulencias que están en pleno desarrollo, esperamos que sirvan al menos para comenzar la discusión.

Simón Bolívar analytic, n.º 28, enero-marzo 2013, pp. 26-31

¿HA HABIDO UNA REVOLUCIÓN VENEZOLANA?

¿Ha habido una revolución venezolana? Esta pregunta encierra una de las paradojas más singulares y sugestivas de la historia venezolana: por una parte, se puede responder que ha habido muchísimas; pero por la otra es fácil caer en la tentación de decir que en realidad nunca hubo alguna. Aunque no se trata de un rasgo exclusivo de Venezuela, sino de algo bastante extendido en Hispanoamérica, tiene la singularidad de que a inicios del siglo xxi, cuando la idea de revolución estaba –¡como nunca en dos siglos!– sumida en el desprestigio, los venezolanos nos aventuramos a hacer una; y no solo eso: sino también a inspirar a otros con el ejemplo.

Venezuela tuvo, solo en los primeros setenta años de su vida republicana, más de treinta «revoluciones» –con las comillas y sin las comillas del caso, más un centenar de alzamientos menores– según el cálculo de Manuel Landaeta Rosales. Ninguna, sin embargo, pasaría la prueba de serlo, si nos atuviésemos a lo que convencionalmente entendemos como tal, al menos desde mediados del siglo xix: el inicio violento de una nueva realidad política, social y económica radicalmente distinta y éticamente superior a la anterior. El problema, entonces, es por qué la insistencia en usar el nombre. Si fuera solo eso, una etiqueta, difícilmente habría gozado, y aún gozaría para algunos, de tan buena reputación. Para colmo, a principios del siglo xxi la idea de la revolución vuelve a florecer, generando en los observadores inquietudes muy parecidas a las que generan en sus abuelas y bisabuelas del siglo xix: primero, sobre la naturaleza auténticamente revolucionaria de lo que ocurre; segundo, sobre la bondad –o no– intrínseca de la revolución, de toda revolución; tercero, sobre el crédito que tiene la idea entre los venezolanos, al punto de que todas las banderías quieren etiquetarse con ella.

Responder estas inquietudes tal vez ayude a entender lo que de novedad o tradición hay en la Revolución Bolivariana y su propuesta del socialismo del siglo XXI.

HISTORIA, FILOSOFÍA Y REVOLUCIÓN

La palabra «revolución» evoca un conjunto de imágenes y valores a los que tendencialmente se les ha atribuido una carga positiva. La revolución, por naturaleza, es buena, dicho esto con toda la aprehensión que pueda generar una categoría tan imprecisa. Baste con decir, históricamente, que el receptor promedio ha considerado que con la revolución su vida puede mejorar, indistintamente de lo que eso significara según sus necesidades y anhelos. Como señaló Hannah Arendt en su famoso tratado, a mediados del siglo XVII el término empezó a usarse en el mundo anglosajón para aquellos movimientos que buscaban restituir un orden de legalidad usurpado por algún poder tiránico. Era una imagen que venía de la astronomía y ejemplificaba la idea de vuelta, de retorno, a un punto de partida anterior. Tales fueron las revoluciones inglesa de 1688 y norteamericana de 1776. Y además equivalía al principio del tiranicido en el mundo católico. Los franceses de 1789 sienten, con razón, que también están derrocando un gobierno tiránico, pero como no tenían un estado de legalidad y libertad al que regresar, su opción no fue otra que la de crear uno nuevo. La velocidad y el alcance de los procesos desatados, la manera en la que hizo venir abajo instituciones y valores –la monarquía, la nobleza, las jerarquías feudales, hasta la cristiandad– que se creían eternos, los impresionó lo suficiente como para considerar aquello una inflexión fundamental en la historia; como para concluir que con las revoluciones se crea un mundo nuevo y mejor. Tal será en adelante la diferencia entre la «libertad a la inglesa», de rescate de los derechos perdidos; y «a la francesa», de conquista de un provenir aún no ensayado.

Así, a partir del siglo XVIII en casi todos los pueblos de Occidente hubo quienes soñaron con tener su propia Revolución francesa. El asunto era cómo lograrlo: ¿se trató aquello de un fenómeno único e irrepetible, o se podría reproducir? La respuesta vendría de una nueva disciplina que nace por aquellos días (aunque sus antecedentes se remontan a san Agustín): la filosofía de la historia. Nacida como un esfuerzo de los europeos por comprender dos novedades que los tenían confundidos –la verificación de que la humanidad había experimentado diversas formas de desarrollo histórico, comprobada con las noticias que la expansión colonial arrojaba sobre la vastedad y complejidad del mundo; y los cambios gigantescos que la Revolución francesa y la Revolución Industrial habían producido–, intentará darle al devenir humano un esquema de desarrollo global, unas leyes históricas que le sirvieran de definición.

Es decir, del mismo modo que las leyes de la naturaleza explican por qué el cosmos, la vida y la materia se desenvuelven de un modo determinado, permitiendo así predecir o reproducir sus fenómenos, las leyes de la historia harían otro tanto con la vida de los hombres. El matrimonio entre la revolución y la filosofía de la historia se produjo rápido, y ha sido largo y feliz. Las revoluciones van a ocurrir *necesariamente* en determinadas circunstancias (lo que Lenin llamó las «condiciones objetivas y subjetivas»). Y no solo eso: las revoluciones generan cambios positivos, porque la historia progresa, porque nos acercan al futuro y este siempre será mejor.

LA REVOLUCIÓN EN VENEZUELA

Pensemos ahora en tres «revoluciones» venezolanas, de las muchas que podemos tomar: la de Gregorio Cedeño, quien se alzó en 1879 en la llamada Revolución Reivindicadora, para acabar con la reacción antiguzmancista de Francisco Linares Alcántara; la de José Manuel *Mocho* Hernández, quien se rebeló contra el fraude electoral que le perpetraron en 1898 y que la historia ha llamado la Revolución de Queipa; y, más famosa que las anteriores, la de los veteranos del Ejército Libertador, quienes le dieron un golpe a José María Vargas en 1835 nada menos que para solicitar cargos en el gobierno y entronizar el catolicismo como religión de Estado: la Revolución de las Reformas; hasta donde sepamos, la primera en titularse a sí misma de esa manera.

¿Parecen Cedeño, Carujo, Hernández, hasta Mariño, hombres penetrados por estas reflexiones históricas y filosóficas? Sus inquietudes son de carácter laboral (que los veteranos tengan cargos), o de simple pretorianismo (¿por qué van a gobernar los civiles y no los que peleamos y ganamos en Ayacucho y Junín?), o simples compromisos caudillistas (reivindicar al Ilustre), o indignación (tomar las armas contra un fraude). No parecen albergar ninguna mira trascendental. Entonces, ¿por qué usaron la palabra *revolución*? ¿Por simple astucia y deseo de manipular? Muy probablemente, siempre es mejor decir que se está haciendo una revolución que rindiendo tributo a una ambición de poder. Pero esto también lleva a otra cosa: ¿por qué es mejor decir que se está haciendo una revolución?

Hay que recordar que la opinión pública venezolana –por tal, entonces, se consideraba solo a la letrada, pero al cabo era la que dirigía el Estado y la economía– actúa como parte esencial de Occidente; recibe y asume sus valores, a veces como simple mímesis, pero en muchas otras ocasiones actuando en su mismo universo cultural. O lo que es lo mismo: cuando un caudillo llamaba a lo suyo «revolución» sabía que la colectividad, incluso los campesinos analfabetos, entenderían el tipo de promesa que estaba haciendo.

Por supuesto, eso no fue así desde el principio. De hecho, la élite que declara la independencia y funda la república entre 1810 y 1811 se cuida mucho de llamar aquello *revolución*. Para aquellos patricios e ideólogos, revolución suena a lo que ha pasado en Francia, que entonces se recuerda por dos cosas: por el Terror jacobino y por los alzamientos de esclavos en Haití. Obviamente, no quieren ninguna de las dos revoluciones para Venezuela, pues su modelo es el de Estados Unidos; su sueño es seguir el camino de los felices plantadores del sur: establecer un régimen de legalidad y libertades, con sus esclavitudes tranquilas y sus puertos llenos de café y cacao para la exportación. El problema es que de alguna manera la revolución estalla. Por supuesto, como siempre pasa: como no lo esperaban.

En efecto, aunque no tuvieran un programa claro, las esclavitudes y los sectores medios, casi todos de color, se alzan en una guerra social y racial («la guerra de colores») que prácticamente acaba con la élite. La pardocracia, como la llama Bolívar, es el deseo de «igualdad absoluta, tanto en lo público como en lo doméstico», no solo de «igualdad legal»; es, se espanta Bolívar, «la inclinación natural y única para exterminio después de la clase privilegiada», como lo expresó en una carta a Francisco de Paula Santander fechada el 7 de abril de 1825. Por algo los primeros en usar la palabra *revolución* fueron sus oponentes, es decir, los realistas que querían resaltar el estado de anarquía y destrucción que sacudía al país. Solo de manera no oficial y tímidamente los primeros patriotas empezaron a llamar así a la suya.

Eso cambia hacia 1820. Entonces aparece una nueva generación de letrados y funcionarios. Son liberales y algunos empiezan a ser románticos. Se han criado durante la Independencia o durante el liberalismo gaditano, y ahora están entusiasmados con la revolución liberal española que estalla aquel año. A su juicio, Bolívar y su grupo es demasiado conservador. No tienen tantas prevenciones con la pardocracia; no han conocido –porque eran muy niños o porque estaban fuera del país– la rebelión de Boves. La Revolución francesa es para ellos un hecho glorioso y no las degollinas de los jacobinos, blancos o negros. Todo esto los lleva a reevaluar la idea de revolución en términos positivos. Además, han comenzado a leer filosofía de la historia. Los grandes historiadores de la época –Lamartine, Niebhur, Gizot y Thierry– y los filósofos idealistas empiezan a ser trajinados con interés. Son los que terminarán fundando el Partido Liberal y por imponer algunas de las certezas fundamentales del pensamiento político –sobre todo del pensamiento del hombre común– venezolano, en ocasiones hasta la actualidad. Basta leer al hijo de uno de ellos, Antonio Guzmán Blanco (su papá es Antonio Leocadio Guzmán), para ver hasta qué punto estas ideas se lograron expandir. A inicios de la Guerra Federal, en 1859, cuando aún no es más que el redactor del periódico de su ejército, escribe: «Las revoluciones son grandes esfuerzos del mundo moral, obedeciendo a leyes superiores, como las físicas...»; y lo escribe porque cuanto ocurre «nos ha obligado a traer a la discusión las luces de la filosofía i de la historia» (*El eco del Ejército*, Barquisimeto, 7 de septiembre de 1859).

Que los resultados y las intenciones de estas revoluciones no fueran los esperados no pareció haber sido problema: todos cuantos se alzaron, del letrado Guzmán Blanco al popular Mocho Hernández, del enguantado Manuel Antonio Matos al taita Crespo, todos querrán presentarse de la misma manera: como líderes de un movimiento inevitable, que responde a una lógica y una justicia histórica superior e inapelable. Por supuesto, no todos lo pueden explicar con la soltura de Guzmán, pero algo de ello habrá llegado a las mayorías y funciona como dispositivo de legitimación. ¿No es en el fondo lo que plantearán los revolucionarios socialistas del siglo XX? ¿No es lo que plantean los del siglo XXI? Aunque sería un error afirmar que entre los liberales románticos, los guerrilleros de la década de 1960 y los líderes del socialismo del siglo XXI hay un continuo sin solución de continuidad, al menos en dos aspectos existe la posibilidad de que sea así: en el hecho de que el pensamiento revolucionario mantuviera sus aspectos esenciales desde el romanticismo (más allá del intento marxista por ser científico y superar a los utópicos), y en el prestigio de la palabra *revolución* para concitar esperanzas entre los venezolanos.

Leer el debate de Cecilio Acosta con Ildefonso Riera Aguinagalde en 1868, en el que el primero propone la evolución lenta pero segura, producto del trabajo y el estudio, frente al segundo que afirma, por poner un ejemplo, que «Alejandro con la espada, o lo que es igual, la revolución con el nombre de Alejandro, derrota al Asia, que es inmóvil, y hace triunfar a Occidente, que es progresivo»; que cuantos hicieron algo notable en la historia, de los romanos a Simón Bolívar, habían sido revolucionarios porque «así progresan los pueblos, Tullius [seudónimo de Acosta], por medio de las revoluciones»; de alguna manera presagia a Carlos Rangel y su *Del buen salvaje al buen revolucionario*, publicado en 1975. No es cuestión de entrar en la solvencia de sus tesis. Es constatar cómo en cien años, con las modificaciones del caso, el debate se mantuvo vigente. Cómo se lo mantiene hasta hoy.

LAS REVOLUCIONES NACIONALES

Esto lleva a las otras dos inquietudes que planteábamos al principio: con tanto discurso revolucionario, con tanto prestigio, ¿es posible que de verdad ninguna revolución venezolana lo haya sido realmente? ¿Puede un embeleco durar tanto? Lo que se asocia a lo otro que señalábamos: las expectativas frente a la revolución. Si se acepta que solo son revoluciones aquellas que hacen surgir un mundo nuevo y mejor, de forma violenta y rápida, tendría dificultad para clasificar como tal hasta la bolchevique de

1917. Pero si vemos las cosas con más moderación, el panorama cambia. La teoría leninista acierta, al menos en lo fundamental, cuando describe una situación revolucionaria y explica qué hacer para aprovecharla y tomar el poder. Lo que, de cara a los hechos, no ha recibido un aval similar es la idea de necesidad histórica y la confianza en que sus resultados siempre desemboquen en un mundo éticamente superior (lo que tampoco implica que las revoluciones no hayan generado unos cuantos cambios muy positivos, como pretenden algunos extremistas). Si nos quedamos en esos parámetros es más fácil responder la cuestión sobre la existencia o no de revoluciones venezolanas.

El historiador Manuel Caballero, por ejemplo, sostuvo, en *Las crisis de la Venezuela contemporánea* (1998), que en la vida republicana se han dado dos grandes revoluciones nacionales «a la venezolana»: la que encabeza Guzmán Blanco en 1870 y la de Rómulo Betancourt de 1945. Para entrar en este grupo se requieren dos cosas: que su objetivo no sea desplazar del poder a un régimen (o a una administración: recuérdese cómo los liberales se mataron entre sí a finales del siglo xix) sino transformar la sociedad entera; y que genere cambios tan irreversibles y profundos que logren hacer de su ideología una «ideología nacional». Es decir, que así como pasó con las reformas liberales de Guzmán Blanco o con la democracia de Betancourt, en la posteridad todos consideren «normales» aquellos cambios. Así las cosas, si le aplicamos los mismos criterios a la Independencia, que inició el desmontaje de la monarquía, impuso el republicanismo, derogó el sistema de castas y el estamental, implantó las libertades económicas, de imprenta y desplazamiento, y sentó las bases para la abolición de la esclavitud, entonces estaríamos también ante otra revolución.

De ese modo nos atrevemos a hablar de al menos tres revoluciones venezolanas, entre las centenares que se han titulado así. Incluso encajan en el esquema general latinoamericano de tres, digamos, «generaciones» (o «ciclos», si aceptamos la categoría leninista) de revoluciones: la de la Independencia, las liberales de mediados del siglo xix y las reformistas-nacionalistas de mediados del siglo xx. Es natural que quienes las midieron desde la visión extremadamente optimista que viene del romanticismo se sintieran cuando menos defraudados por ellas. No «tomaron el cielo por asalto»; simplemente –si se acepta la tesis de Germán Carrera Damas– empujaron las cosas hacia una sociedad liberal y democrática, y hacia una economía capitalista. No puede afirmarse, tajantemente, que hayan fundado el reino de la felicidad; de hecho, los problemas siguieron siendo graves, pero por algo los venezolanos, en términos matrices, nunca han sentido nostalgia por lo que dejaron atrás. Es obvio que los contrincantes de Betancourt y Guzmán dudaran del carácter revolucionario de sus gestiones: comoquiera que la palabra lleva una connotación positiva, no podían adosársela a ellos. Aquello de la Revolución Liberal, de la Regeneración o de la Gloriosa Revolución de Octubre tuvo demasiado de propaganda como para ser tragada por los desafectos. Pero si dejamos el fenómeno dentro de los márgenes propuestos por Caballero, la balanza se inclina a su favor.

Hoy se habla de una revolución socialista, cosa que también puede entrar en el esquema como una cuarta generación, anhelada y, según sus seguidores, definitiva, que hasta el momento solo se ha dado en Cuba. ¿Lo será realmente? Habrá que esperar si los cambios que produce se hacen irreversibles y si su ideología logra convencer a todo el colectivo. Ahora bien, en el caso de que ambas cosas ocurran finalmente, aunque sus resultados disten de ser alentadores, y no llegue a crear una realidad nueva y éticamente superior, ¿dejaría de serlo? Pues, acá es donde entra la pregunta fundamental: ¿dónde están las pruebas de que esa es la misión histórica de una revolución?

Debates IESA, vol. XVI, abril-junio 2011, pp. 90-93

A 150 AÑOS DE LA FEDERACIÓN:
LO QUE HEMOS SIDO Y LO QUE SOMOS

La aparición de sendos manifiestos con motivo del sesquicentenario de la Guerra Federal viene a confirmar no solo la manera en la que la historia –o, mejor, el historicismo– ha logrado meterse en todos los circuitos de la vida venezolana, sino también la importancia para el debate público de un episodio que por mucho tiempo permaneció olvidado en la memoria nacional.

Reducida a algunas lecciones en los manuales de bachillerato, no siempre dictadas con énfasis por los profesores y casi nunca atendidas por los alumnos, la Guerra o Revolución Federal (o «Guerra Larga» o «Guerra de los Cinco Años», en realidad de cuatro años y medio: de febrero de 1859 a mayo de 1863) fue disolviéndose en el recuerdo de los venezolanos desde las primeras décadas del siglo xx, a medida que también se disolvía el poder del Partido Liberal Amarillo, que había hecho de ella su épica. Almácigo de sus principales líderes y caudillos (Juan Crisóstomo Falcón, Antonio Guzmán Blanco, Francisco Linares Alcántara y Joaquín Crespo, por solo nombrar a cuatro que fueron presidentes entre 1864 y 1898), a partir de 1910, cuando Juan Vicente Gómez termina de deslindarse del Liberalismo Amarillo y aleja del poder a quienes aún no se los había llevado la biología, pocos mantuvieron el interés de seguir avivando la llama votiva de los Próceres de la Federación, título con el que Guzmán Blanco quiso equipararlos a los Próceres de la Independencia, y para cuyos gloriosos restos destinó, en cohabitación, el Panteón Nacional: allí siguen las cenizas de Ezequiel Zamora, Falcón y José Jesús González, el Agachao, junto a las del Libertador y las de Páez.

Para la generación posterior –esa que nace hacia 1910 y se lanza a la vida política en 1928– aquellos hombres y sus gestas tenían poco que decir. Aunque muchas veces eran sus abuelos y la raíz de sus fortunas, para los jóvenes representaban la encarnación de un pasado bárbaro que debía superarse a toda costa. Eran los epígonos de la antirrepública (la negación de la regularidad, la institucionalidad, la legalidad, la sociedad civil), el caudillismo feroz, el «cesarismo democrático», el gendarme necesario, la «federación brava» como les gustaba llamarse. El proyecto democrático que se delinea tras la muerte de Gómez fue, en gran medida, el sueño de superar «la federación brava», dejar atrás a los hombres guapos, a los caracortadas, a Doña Bárbara, para entrar en el universo cívico de Santos Luzardo. La nueva Venezuela no podía buscar sus modelos en los sablones del decimonono, sino en los líderes modernos, bien de las democracias occidentales o bien de las revoluciones socialistas.

Además, cuando Gómez y los últimos caudillos federales aún estaban vivos, pesaba sobre ellos el fardo de los traumáticos y finales años de la larga hegemonía liberal-amarilla; es decir, de sus escándalos de corrupción, de la bancarrota nacional que se vive a partir de 1896 y que lleva a la moratoria por la que se bloquean y bombardean nuestras costas en 1902; de las inmensas pérdidas territoriales en la Guajira, la Orinoquia y el Esequibo, de la ristra de guerras civiles que desangraron al país hasta que en julio de 1903 Gómez derrota a los caudillos supervivientes –y con ellos al viejo caudillaje– en Ciudad Bolívar. Esa connotación peyorativa que adquirieron los vocablos «político» y «política» durante el gomecismo, como lo contrario al orden, a lo que deseaban «los hombres de trabajo», «los buenos hijos de la patria» –o sea, según la propaganda oficial, los gomecistas–, no era del todo gratuita.

Desacreditada por el gomecismo, así como por los movimientos que se rebelaron contra él, la Guerra Federal no tuvo el mejor de los entornos para pervivir como un hecho de primera magnitud en la memoria histórica de la modernidad venezolana. Su resurrección actual, por lo tanto, si bien dice mucho de lo que fuimos, dice más de lo que, a pesar de todo, no hemos dejado de ser. La «Declaración sobre el sesquicentenario de la Guerra Federal», publicada por la Conferencia Episcopal Venezolana el 4 de febrero de 2009, y el manifiesto «El pueblo falconiano ante los ataques a Juan Crisóstomo Falcón», firmada en Coro en febrero de 2009 por diversas personalidades de la región (el periodista Manuel Felipe Sierra, monseñor

Roberto Lückert, las historiadoras Carole Leal Curiel y Elina Lovera Reyes, el político Luis Miquilena, el economista Francisco Faraco y decenas de nombres más) tienen un detonante común: Hugo Chávez y el lugar que le asigna a la épica federal, vuelta historia oficial gracias a él, en su discurso político.

No puede decirse que Chávez haya sido el único responsable del reposicionamiento de la federación en el imaginario de los venezolanos. Pero, sin dudas, su prédica ha sido fundamental para que algunos nombres cuya memoria estaba confinada a especialistas o a determinadas regiones –Ezequiel Zamora, la batalla de Santa Inés– volvieran a la cotidianidad del país. Mientras que la declaración del Episcopado –que no suele detenerse, salvo que se trate de fastos muy importantes, en sentar posturas historiográficas– se encamina a prevenir la glorificación de Zamora y de todo el conflicto como una glorificación de la violencia y la división de los venezolanos, el manifiesto de los falconianos deplora las expresiones que sobre el epónimo de su estado –¡y justo en su capital!– hiciera el presidente en el acto conmemorativo del alzamiento que allí dio inicio a la guerra, el 20 de febrero de 1859.

¿Es posible que el solo parecer de un hombre, por muy poderoso y carismático que sea, influya de esa manera en la conciencia colectiva? Ciertamente, muchas cosas asociadas con el panteón personal de los héroes que tiene el comandante, su cantor preferido Alí Primera, su ancestro Maisanta, sus referencias llaneras como el mito de Florentino y el Diablo, por el sortilegio de ser suyas, han logrado imponerse en el imaginario de sus seguidores, dando unas muestras de liderazgo poco común. Pero con las tesis que maneja en torno a la federación, Zamora o Cipriano Castro es necesario un análisis más detenido. Son temas que se entrelazan con problemas más sustanciales de la venezolanidad. Por eso es que puede decir tanto de lo que hemos sido y seguimos siendo, porque sin tener exactamente los mismos problemas, sí es la misma sociedad –que en otro momento de su desarrollo, es otra cosa– en un lapso, además, tan corto como puede serlo el de cinco generaciones.

Hugo Chávez se empalma con la reinterpretación que hacen los marxistas –el historiador Federico Brito Figueroa (1922-2000) por sobre todos– de la Guerra Federal como el antecedente vernáculo y legítimo de una tentativa revolución socialista venezolana por venir y de Ezequiel Zamora como el gran líder agrario que la encabezó. Los retos ideológicos de «venezolanizar» el marxismo-leninismo, de encontrar una tradición propia con qué enlazarlo y, sobre todo, de contraponerlo a la propuesta de Acción Democrática, de carácter socializante pero muy arraigada en la realidad criolla, impulsaron tal reinterpretación. También ayudó la naturaleza misma de la Guerra Federal: problemas que atraviesan longitudinalmente la historia venezolana, que en el gran conflicto de 1859 y 1863 llegaron a su paroxismo. Si se piensa que están en juego cosas tales como la descentralización, la democracia, el igualitarismo (eso que hoy se llama inclusión) o el acceso a la tierra, se hará evidente que no se trata de una disquisición erudita de tres o cuatro historiadores, sino de asuntos que entran en el diario tráfico de los debates nacionales.

Súmesele a esto el historicismo, como actitud de fondo, insuflado por siglo y medio de bolivarianismo, y se tendrá servida la mesa para que la saga de Zamora, los vaivenes de Falcón, la eficiencia –y sus otras artes– de Guzmán Blanco, el empecinamiento de Páez en creerse –¡otra vez!– un salvador, la altivez de un Soublette para volver a pelear después de tantos años, el talento de un León Febres Cordero, las masacres inútiles que los liberales atribuyen a Rubín y a De Las Casas, las maniobras de Venancio Pulgar, los sueños de monseñor Guevara y Lira de ir más allá del poder espiritual, los sueños del hijo del brujo de San Francisco de Cara –Joaquín Crespo– de llegar algún día a ser algún poder, la decepción cívica de hombres como Pedro Gual y Manuel Felipe Tovar, las trapacerías de un Martín Espinoza o del Agachao, las angustias de un Juan Vicente González quien, desde su cabeza llena de citas clásicas ve perder a la civilización otra vez y llora en sus *Mesenianas* a la juventud que se quema en la Guerra, el arrojo desinteresado de Sotillo, las cosas de Julián Castro, los prestigios cincelados en violencia de un Colina y un Bruzual confirman que se habla de un mismo país: el que entonces se sacó las vísceras por banderas que siguen siendo defendidas y el que recurrirá una y otra vez a la historia para dar cualquier paso en su porvenir.

No es que la historia se repita; es que es, en buena medida, una misma historia. Es la historia de un colectivo que decidió volverse nación e

incorporarse a la modernidad y que, a treinta años de su plena independencia, todavía no sabe cómo hacerlo. Eso es lo que fuimos y, en buena medida, seguimos siendo: un pueblo en vías de superar los traumas del mestizaje
y la estratificación colonial, que ve el chance de entrar a la vida moderna en
una versión de la democracia como esencial palanca para la igualdad. Para
la historiografía liberal –como se conoce la producida por los liberales durante su largo dominio– la Guerra Federal fue una lucha por la democracia,
por darle el poder al pueblo y acabar de esa manera con los resabios de la
sociedad colonial, que veía encarnada en eso que llamaban la oligarquía. Así
se expresaba la historia desde Guzmán Blanco, quien se encargó de dejar
su versión de los hechos por escrito, hasta Laureano Villanueva, quien aún
escribía así a finales del siglo XIX, y en buena medida Francisco González
Guinán, a quien la vida y sus talentos le permitieron reconvertirse de eficiente ministro guzmancista a eficiente ministro gomecista. Es un parecer
que recoge la generación posterior, la positivista: José Gil Fortoul impuso
hace un siglo, en su *Historia constitucional de Venezuela* (1909), la tesis de
que la federación logró en lo social lo que la Independencia hizo en lo político. Lisandro Alvarado, en su clásico coetáneo *Historia de la Revolución
Federal en Venezuela* (1909), más o menos hace otro tanto.

  ¿Qué entendían por democracia? No necesariamente un régimen democrático-liberal que convocara elecciones libres y garantizara la libertad y
el equilibrio de poderes. La entendían como la igualdad de las razas, aspecto
que aún era muy importante, como la posibilidad de que cualquier mulato
pudiera llegar a general, a ministro, a obispo, a presidente si se diera el caso.
Entendían la democracia como el motor del igualitarismo. Este es el carácter de revolución social que reivindicarán más adelante los movimientos de
izquierda. Hay que recordar que en un primer momento no contaron, para
interpretar su historia, con otros textos que los legados por los positivistas
de las primeras décadas del siglo XX y con los liberales de finales del XIX.
En grados mayores o menores, incluyendo a Rómulo Betancourt, se sigue
la misma concepción: con la Guerra Federal desaparecen los restos de la
oligarquía colonial y se entroniza una nueva élite, expresión de los sectores
populares y las clases en ascenso, galvanizada en torno al Partido Liberal.
La verdad no es poca cosa para tratarse de un país latinoamericano del deci-

monono: después de 1864 ya no será taxativo en Venezuela pertenecer a la élite criolla para ascender al poder. No se acaba con la estructura altamente vertical y socioeconómicamente desigual, pero se la hace más permeable.

A partir de este punto –que en rigor nadie discute– se bifurcan los caminos. Por un lado estuvieron –y siguen estando– quienes ponen énfasis en el desenlace institucional que se alcanza con el Tratado de Coche y lamentan que no pudo tener continuidad en el turbulento gobierno de Falcón y después en las dos décadas del guzmanato. Por otro lado están los que, ya en el siglo XIX, vieron en Coche una traición a la cepa –según su juicio auténticamente revolucionaria– de Zamora, cuya muerte truncó, alegan, una transformación más radical. Los exesclavos y los indios que lo seguían con sus flechas; el encanto de su nombre entre los llaneros; el comentario generalizado de que iba a ir a Caracas a matar a los blancos, a los que supieran leer y escribir y a repartir sus tierras (que él, blanco, alfabeto y terrateniente no refrendó, pero que tampoco se encargó de desmentir), por más de un siglo han despertado suspiros entre los más radicales. La convicción es que Falcón y Guzmán Blanco –que para colmo estuvo a su lado cuando una bala lo mató en San Carlos, en 1860– lo traicionaron. Ciertamente que el segundo dijo, siempre que pudo, que más o menos fue una suerte que Falcón y no su cuñado –porque Zamora estaba casado con la hermana del mariscal– haya sido quien entrara a Caracas, pero de allí a acusarlo de su muerte, como deslizó más de uno, es cuando menos audaz.

Pero los marxistas se suscribieron a esta tesis. Militante del Partido Comunista de Venezuela, en especial de su sector agrario, Federico Brito Figueroa produjo dos textos muy influyentes: *Ezequiel Zamora, un capítulo de historia nacional* (1951), que agrandó y convirtió en uno de los clásicos de la historiografía venezolana, *Tiempo de Ezequiel Zamora* (1974). Hugo Chávez ha afirmado que, recién graduado, leyó el texto y quedó prendado para siempre de la admiración zamorana. Años después haría de Brito Figueroa uno de sus asesores. Pero no fue el único en esa admiración: dentro de Acción Democrática los sectores más izquierdistas del partido también admiraron al caudillo. El 4 de febrero de 1975, por el decreto n.º 736, Carlos Andrés Pérez, considerando «que el General Ezequiel Zamora, por haber estado altamente identificado con las aspiraciones igualitarias y democráticas del país merece un reconocimiento nacional», establece que, entre otras cosas, se edite todo lo relacionado con Zamora hasta el momento. «Ezequiel Zamora, primer líder de la democracia venezolana. Ezequiel Zamora, forjador de la democracia social venezolana. Ezequiel Zamora, punto de partida de una nueva historia nacional», dijo el presidente Pérez en un homenaje en Santa Inés el 20 de febrero de 1975, y aparece reproducido en todos los libros de la colección.

 ¿Es fútil entonces el debate en torno a Zamora y Falcón? En modo alguno. Dos concepciones sobre lo que debe ser el país y, en especial, la democracia, se articulan en este debate. ¿No tiene ese debate asidero en la realidad? Al contrario, lo tiene y mucho. La nación que hace 150 años se planteó reformularse para vivir en un clima de libertad e igualdad continuó ese camino, con avances y retrocesos como en todas las naciones, y hoy, ajustada a las nuevas circunstancias, se lo plantea otra vez. ¿Por qué se habla más de revolución social que de descentralización, si fue una guerra que dijo pelearse por el sistema federal? Porque lo uno siempre ha opacado lo otro. Las aspiraciones de las regiones a gozar de igualdad ante ellas es otro capítulo de las ideas democráticas. La prueba más clara es que, a finales del siglo xx, cuando todavía no se hablaba de la Guerra Federal, renacieron, con inusitada fuerza. Por eso los dos manifiestos mencionados al comienzo de estas líneas son tan significativos: porque dicen mucho de lo que hemos sido, seguimos siendo y, probablemente, no dejaremos de ser.

Debates IESA, vol. xiv, n.º 2, abril-junio 2009, pp. 90-93

¿EL BICENTENARIO DE QUÉ?
REFLEXIONES A DOS SIGLOS DEL 19 DE ABRIL DE 1810

Los venezolanos solo hemos tenido dos grandes –grandes en el sentido de que gozaron de la unanimidad del colectivo– reacciones nacionales: contra Francia en 1810 y contra la Gran Colombia a partir de 1826.

Esto puede tener, y de hecho tiene, mucho de polémico, pero ayuda a poner en su contexto los hechos del 19 de abril. Hoy, que la Historia desempeña un rol político más grande del que ya tenía; cuando todos buscan hacerse –y asirse– a un pasado glorioso que les sirva de legitimación; y cuando en nombre de ese pasado se emprenden experimentos sociales con impacto inmediato en nuestras vidas, volver sobre el famoso pero complejo episodio puede tener implicaciones bastante más prácticas que las del ornato de la cultura general. Las siguientes líneas son un esfuerzo en este sentido. Todos estamos de acuerdo en celebrar el bicentenario del 19 de abril, pero, en concreto, ¿qué es lo que estamos celebrando con eso? La respuesta que demos no solo conducirá a una visión determinada del pasado, sino también de lo que estamos siendo en el presente y, seguramente, de lo que queremos, o al menos esperamos ser, en el porvenir.

Lo primero por determinar es cómo fue eso de que se trató de un movimiento contra Francia y no contra España; y, más aún, cómo, si aceptamos que lo fue, este llegó a tener un carácter más amplio de adhesión popular que el de la Independencia de la Corona castellana. Ello nos conduce a una discusión sobre la naturaleza de lo ocurrido aquel día que actualmente se despliega con toda su intensidad. Normalmente tranzada por nuestras maestras con aquello de que fue «el primer paso hacia la Emancipación», los historiadores se dividen entre quienes lo evalúan como un acto de fidelidad al rey y quienes lo ven como una maniobra para poco a poco ir llevando las cosas hacia la independencia absoluta. Nuestra tesis es que hubo un poco de las dos cosas, como casi siempre en la historia, en la que lo paradójico y lo contradictorio no tiene por qué ser raro. La posteridad, de acuerdo con sus intereses, tiene para escoger, pero, en cambio, los historiadores debemos enfrentar esa contradicción con toda su complejidad.

Inicialmente, los testimonios de la época –tanto los de los protagonistas y contemporáneos que terminaron en el bando republicano, como los de aquellos que terminaron realistas, y que encima vieron así las cosas desde el primer momento– se inclinan, prácticamente todos, hacia la segunda opción. No dudan en afirmar que ese día comenzó la revolución, que, al menos en la cabeza de sus promotores, el plan estaba trazado desde el primer momento. Hubo incluso protagonistas que lo confesaron después. Además estaba la experiencia de la conjura de 1808, cuando se quiso hacer más o menos lo mismo y las autoridades españolas –comenzando por el regente Mosquera– no solo lo consideraron subversivo, sino que encarcelaron a los promotores y señalaron que, de haber alcanzado el triunfo, habrían hecho exactamente lo que hicieron dos años después: llevar las cosas hacia la Emancipación. Ante esto, ¿puede hablarse de simple casualidad? Sin embargo, por otro lado no hay motivos para pensar que la mayor parte de los caraqueños que, cogidos por sorpresa en los actos del Jueves Santo, asistieron a la escena y en principio la apoyaron, no estaban sinceramente indignados por la invasión de Napoleón a España, por las abdicaciones de Carlos IV y Fernando VII –que se suponían hechas bajo una coerción mayor de la que realmente hubo– y por la simpatía real o intuida que el capitán general Vicente Emparan y otros afrancesados de su gobierno sentían por el Francés. Los caraqueños ya habían despedido con tumulto a los emisarios de José Bonaparte. Ya habían salido a la calle a vitorear el regio nombre de su majestad. Y ya, cuatro años atrás, habían ofrecido sus vidas y sus bienes para repeler al «traidor» Miranda. Además, y faltarán más pruebas, en el momento en el que la junta que sustituye al capitán general empieza a dar pasos hacia la Emancipación, muchos se separan y otros la comienzan a combatir, incluso literalmente, con las armas. No es extraño que muchos de los miembros de la junta terminaran como realistas. He ahí, por solo poner un caso, el de Feliciano Palacios.

Pero había más. Napoleón, y en general Francia, significaban básicamente otra cosa más peligrosa: la disolución social, la amenaza a la religión católica, la agitación de las esclavitudes, tal como había pasado en las Antillas (y como hacía unos quince años había ocurrido en Coro). Ante peligros de semejante proporción, lo responsable era organizar una junta –institución hispánica para enfrentar calamidades– y asumir el desafío de mantener las cosas por su carril. Eso, seguramente, es lo que concluyeron la mayor parte de los que le respondieron que «no» a la pregunta que hizo Emparan desde el balcón. Y por eso, mientras el movimiento fue para atajar la influencia francesa, gozó del consenso de todos. Mientras se trató de evitar otro Haití, no hubo fisuras importantes.

Pero en cuanto todo se volteó hacia una separación de España –cosa que comenzó a percibirse a las pocas semanas de la junta– ese consenso se rompió. De hecho, no logró recomponerse hasta muchos años después, cuando apareció un nuevo peligro común a todos: el de la unión colombiana –que resultó tan traumática–, con el descollante liderazgo del Libertador, que ofendía la sensibilidad liberal de la élite del centro del país. No fue hasta entrada la década de 1820 cuando una combinación de factores –las torpezas de Fernando VII cuando regresó al trono, la ocupación militar de Morillo, la Revolución Liberal de 1820, los éxitos políticos y militares de Bolívar, capaces de capitalizar a favor suyo todo aquello, la popularidad de José Antonio Páez– lograron captar un apoyo mayoritario para la propuesta independentista y republicana; y, sin embargo, nunca fue tan grande como la que tuvo la reacción antinapoleónica y antifrancesa de 1810. Se contaron por miles los venezolanos que, después de Carabobo, decidieron emigrar, hasta dejar ciudades enteras sin artesanos y profesionales calificados. Y muchos de los que se quedaron, por su parte, fueron sorprendidos por la disolución de la República de Venezuela dentro de la unión colombiana. Por algo casi al día siguiente de jurar su constitución se pusieron a conspirar.

Pero volvamos a nuestro tema del 19 de abril: ¿lo que vamos a celebrar es el movimiento de la élite caraqueña para deponer a los afrancesados, para mantener las medidas revolucionarias de Francia lejos y garantizar, entre otras cosas, la integridad de la fe verdadera y el control de las esclavitudes? Obviamente, no fue en esa dimensión, por determinante que haya sido para su desencadenamiento, lo que define la importancia del acontecimiento dos siglos después. Hay, a nuestro juicio, tres aspectos que ya se manifiestan ese día y que son los que le otorgan un carácter distinto al de un simple zarpazo del mantuanaje, avalando en alguna medida a quienes ven –como, insistimos, lo vieron sus protagonistas– algo más que un acto de fidelidad.

El primero es la formación de un gobierno autónomo con respecto a la Corona castellana. Aunque hubo antecedentes en los que el cabildo tomaba el lugar del gobernador, y otros en los que se opuso a las leyes venidas de ultramar, nada era comparable con lo que acababa de ocurrir. Una cosa es un gobierno provisional bajo el rey y otra ocupar el lugar del rey. La Junta de Caracas, que despechaba por Fernando VII (¡y hasta se atrevía a firmar «su majestad»!), habló de unos criollos que se sentían con las suficientes fuerzas no solo para ponderarse iguales a sus hermanos de la península –lo que en sí no era novedad y, de hecho, refrendaba las leyes– sino para montar su propia regencia, vale decir, su propia monarquía, y cumplir las funciones del rey cuando hubiera ausencia absoluta. Roto el pacto que los unía al monarca –así argumentaron entonces y lo siguieron haciendo en el Acta de Independencia de 1811; así lo volvió a decir Simón Bolívar en la Carta de Jamaica, en 1815– reasumieron la soberanía que habían delegado en él y, con ella, primero organizaron una junta en su nombre, después convocaron a un Congreso y finalmente fundaron una república. Pero, véase bien, la asunción de la soberanía, que prácticamente es la independencia, ya la habían hecho el 19 de abril. El segundo se refiere a lo que se decidió hacer con esa independencia. Como explicaría años más tarde un testigo de excepción, Andrés Bello, una cosa es la independencia y otra la libertad. No fue el único que lo hizo, aunque tal vez –el «Libertador intelectual» al fin y al cabo– el que lo explicó mejor.

Los anhelos autonómicos, explicaba, estaban inveterados en el celo por sus fueros que tienen todos los españoles, pero la libertad fue una idea posterior. Actualmente, que hay tantos regímenes que manipulan las cosas para confundir la condición independiente de sus países con la de libertad de sus ciudadanos, es importante hacer la aclaratoria. Un país no es libre por ser independiente; lo es por la libertad de sus ciudadanos. Las ideas liberales –así comenzaron a llamárselas entonces en el convulsionado mundo hispánico del que formábamos parte– ya gravitaban en el pensamiento más o menos ilustrado, más o menos ecléctico, del grueso de aquellos criollos y no tardaron en ponerlas en marcha. La libertad de imprenta, inicialmente de facto y pronto reglamentada, que se tradujo en una multitud de papeles y en el primer periódico independiente, el *Semanario de Caracas*; la libertad de comercio con el exterior, que trajo al primer enjambre de mercaderes y aventureros norteamericanos e ingleses (trajeron mercancías, compitieron con los viejos monopolios de la harina; uno de ellos, incluso, destiló en Venezuela por primera vez ron); la supresión de la trata de negros –quién sabe si movida para evitar la llegada de ideas inflamables del Caribe– pero de claro talante reformista; la libertad de conciencia, al menos su planteamiento con el asunto de la libertad de cultos, que escandalizó a casi todos y que al final se rechazó; en el ejercicio de esa libertad y soberanía recobradas se convocaron elecciones para un Congreso y este remató declarando la emancipación, fundando una república –lo que implicaba suprimir los privilegios nobiliarios, la estructura de castas y darles ciudadanía a los pardos libres– y redactando una constitución liberal, democrática y federal en la amplitud que tales palabras tenían para la época.

El tercer aspecto abre un poco más el alcance de esa libertad. En el acto de formación de la junta, decidieron ampliarla con diputados en representación del clero y de los pardos. A tanto no llegaron como para incorporar a un hombre de color –por mucho que Juan Germán Roscio era hijo de una cuarterona– ni, hasta donde sepamos, le consultaron al «gremio de los pardos» si estaban de acuerdo con el representante escogido (José Félix Ribas), pero el gesto en sí mismo tiene una carga, si no democrática, al menos tendiente hacia eso, que es necesario resaltar. Puede alegarse que solo se trató de un ardid de los mantuanos para calmar las tensiones que desde hacía un cuarto de siglo, más o menos, venían teniendo con las capas medias, de color, en su empeño por ascender socialmente; pero el solo hecho de darles representatividad y visibilidad en la nueva organización de la monarquía vernácula habla de un proceso que se asoma hacia la igualdad, hacia lo que hoy llamaríamos inclusión.

Visto así, el 19 de abril de 1810 los venezolanos –al menos una parte, pequeña pero significativa: la élite caraqueña– emprendieron el camino para vivir independientes, en democracia y libertad. Por supuesto, ese día no se podía saber todo lo que estaba por venir. Es casi seguro que en la cabeza de quienes participaron en lo que en esencia era una reacción contra Francia y contra el peligro de que las provincias se les fueran de las manos, tuvieran siquiera una sospecha de eso. En rigor, nadie puede asegurar el motivo por el que será recordado, si es que llega a serlo.

Tampoco pueden identificarse esa independencia, la democracia y libertad como un logro que se alcanzó en los desarrollos inmediatos, o incluso mediatos, del acontecimiento –además, cabe preguntarse desde este agitado, a trechos doloroso 2010: ¿de verdad se alcanzó?–. Pero sí vemos en ellos una línea que se prolonga hasta la actualidad. Ya nadie se acuerda de José Bonaparte ni del peligro francés, detonantes de la reacción inicial. Hasta borramos la estrofa del «Gloria al Bravo Pueblo» en la que se hablaba de ellos. Pero sí queda lo que de sustantivo tuvo para nosotros el 19 de abril: el camino de la independencia, la democracia y la libertad.

Papel Literario, de *El Nacional*, Caracas 3 de abril de 2010, p. 4

LA REPÚBLICA FRAGMENTADA

Si algo caracterizó las celebraciones del bicentenario de la Independencia a las que acabamos de asistir fue su falta de entusiasmo. A diferencia de lo ocurrido en otros países de Hispanoamérica, que desde el 2008 han venido recordando los doscientos años del inicio de sus procesos emancipadores con fiestas nacionales capaces de integrar a todos los sectores, en el nuestro, durante el 2010 apenas se hicieron algunos trabajos de embellecimiento urbano, un polémico desfile, el rebautizo de algunas instituciones con nombres alusivos a la efeméride y una campaña propagandística estatal (la publicidad privada, a diferencia de otros países, no se hizo eco de la efeméride, lo que habla de su dificultad para que el colectivo la hiciera suya y espontáneamente la asumiera). Por diversas razones se trata de un signo dramático de la hora que estamos viviendo.

En primer lugar, porque la comparación es aún más inquietante cuando la hacemos con nosotros mismos, es decir, con lo que hemos sido capaces en ocasiones anteriores. Desde que Antonio Guzmán Blanco, artífice del culto a Bolívar y de toda una simbología patria capaz de darle asidero a una nacionalidad que aún estaba por fraguarse, decretó las grandes fiestas del Centenario del Libertador en 1883, en todos los casos –por ejemplo en el centenario de Sucre en 1895, en el centenario de la Independencia en 1910 y 1911, en los de las batallas de Carabobo y Ayacucho en 1921 y 1924, en el de la muerte del Libertador en 1930, en el sesquicentenario de la Independencia en 1960 y en el bicentenario del Libertador en 1883, por solo nombrar algunos de los más importantes– siempre hemos revaluado con regocijo el trecho transcurrido hasta el momento y ostentado un gran optimismo ante el porvenir. Incluso si algo puede criticárseles a estos festejos es su capacidad alienante, su espíritu de oropel para revestir miserias nacionales, para desviar hacia glorias pasadas –reales o supuestas– la atención, el esfuerzo y los recursos que les deberíamos a los problemas del presente. La religión cívica, con sus liturgias, con sus héroes de culto y con sus sermones cumple, de esta manera, la misión opiácea que Marx les adjudicó a todas: por cada sorbo de ella que se aspire, duele menos el entorno, se entra en un sopor agradable, se puede dormir en paz.

Esto pudiera sugerir que el desinterés del día de hoy expresa un despertar, una toma de conciencia, una madurez nacional. Hay de eso, sin lugar a dudas, pero las evidencias tampoco nos permiten ser tan optimistas. Primero, porque la crítica está en el exceso, no en la desidentificación de una sociedad con su pasado, que es como decir consigo misma (al cabo, otra forma de alienación) y que también vendría a ser un exceso. Recordemos que ya los teólogos admiten que las religiones pueden convertirse en opio cuando no son instrumentos de verdad y liberación. En segundo lugar, porque en cada una de estas fiestas la sociedad venezolana hizo el esfuerzo de redoblar el paso para ofrecer realizaciones que le dieran asidero al regocijo general. En 1883, por ejemplo, Guzmán Blanco inauguró la vía férrea de Caracas a La Guaira, acaso la mayor obra de ingeniería hasta entonces hecha en el país y el más contundente argumento que tenía a favor de su obra *civilizadora*; deslumbró –literalmente– a los caraqueños con iluminación eléctrica y organizó una exposición con los avances de una economía en la que, con todo, ya se estaban importando algunas máquinas de vapor. En 1910 Gómez decretó, entre otras cosas, su política de carreteras y la organización del Ejército moderno; en 1930, a pesar de los terribles efectos de la Gran Depresión y de los disturbios que trajo, canceló la totalidad de la deuda externa como homenaje al Libertador. En 1983 se inauguró el Metro de Caracas y el Teatro Teresa Carreño. Y, como sospechará el lector, son solo algunos datos muy resaltantes en una lista que sería infinitamente más larga si incorporamos al resto del país –todo lo nombrado ha sido en Caracas–, a las publicaciones, actos académicos y cívicos, a obras públicas de menor escala. Además, hay que recordar que al menos desde los días del guzmancismo, todos los gobiernos se han presentado como los continuadores (o rematadores) de la obra inconclusa de los Padres de la Patria, de

Bolívar por sobre todas, que ahora –¡por fin!– se está haciendo realidad. Descontando lo que esto tiene de manipulación histórica y de propaganda política –aunque bien podría decirse justo lo contrario: precisamente por eso– sorprende que el más *bolivariano* de todos ellos presente en la coyuntura una ejecutoria tan limitada, o al menos unas fiestas tan desabridas.

Hay, evidentemente, un aspecto que salta como primera hipótesis: no ofrece más porque no tiene con qué hacerlo. Parece de Perogrullo pero no lo es. Escapan al objetivo de este artículo las razones de las ejecutorias. Economistas y especialistas en políticas públicas son los encargados de dar la explicación. Preferimos detenernos en otros dos aspectos que, según entendemos, están de forma más estrecha vinculados al sentido histórico de lo que se conmemora: su carácter *nacional* y su carácter republicano.

Lo primero habla de un evento cuya naturaleza y resultados constituyen un punto de coincidencia entre todos los venezolanos. El hito de un pasado común, que remite a un destino, a unos anhelos, a unas luchas comunes. Por eso preocupa tanto que la conmemoración no haya podido hacerse en comunión con todos los venezolanos. ¿A qué puede deberse esto? Tal vez a que la nación está fragmentada. A que por primera vez desde 1883 las coincidencias en torno a su proyecto como país son menores que las divergencias. Porque a Guzmán Blanco y a Gómez los odiaron muchos venezolanos –las abultadas cifras de los exiliados y de presos políticos dan prueba de ello– pero al menos el pasado independentista era un lugar de encuentro, formaba parte de las glorias –supuestas o reales– de todos los venezolanos, no solo de una parte (¡y vaya que Gómez fue experto en eso de dividirnos entre los «buenos hijos de la patria» y los «malos»!). También porque la construcción de un ferrocarril o el pago de la deuda constituían objetivos comunes, con muy pocas disidencias (que, naturalmente, las hubo). Las evidencias no indican que el socialismo «del siglo xxi» sea una oferta igual de incluyente.

Hay que entender que la celebración de una efeméride es siempre la celebración de una actualidad. Se celebra porque marca el inicio de un estado de cosas que es digno de celebrar. ¿Qué celebramos, entonces, el día de hoy? El 5 de julio de 1811 el Congreso Constituyente proclamó la separación de la Corona española. El acta –que en realidad no estuvo lista hasta dos días después– es un largo y razonado alegato para demostrar la legalidad de la decisión. Su núcleo está en la soberanía y libertad de los pueblos para escoger su rumbo cuando un gobierno rompe el pacto suscrito con ellos. Aún no se atreve a derogar sin rodeos la monarquía –en rigor no habla del modelo que habría tomarse en lo sucesivo– y el Congreso habla aún de Provincias Unidas, no de república (Provincias Unidas fue el nombre adoptado por casi todas las naciones hispanoamericanas antes de la declaración definitiva de su independencia). Pero las acciones que toma entonces, como el espíritu mismo del acta, no dejan mucho espacio para la duda: la independencia será para construir un régimen de libertades. De hecho, desde entonces, se habló de *independencia y libertad*, como dos hermanas que se espera fueran juntas, pero que no hay que confundir. Decidimos ser independientes para ser libres.

Por supuesto, tal no es el sentido que le dan todos los sectores del país. Muchos exaltan solo uno de los dos puntos de la ecuación (la independencia), soslayando en grados diversos el de la libertad, o dándole una connotación particular. Es muy distinto alegar que el 5 de julio se celebra porque ese día decidimos independizarnos e iniciar un sistema más o menos liberal, a señalar que lo hacemos porque comenzó un camino que poco a poco, tautológicamente, nos llevó a una revolución socialista. A esta guisa no todos saben exactamente qué se está celebrando, o si lo que entienden en la celebración es digno de festejar; si lo que se presenta hoy como motivo de orgullo lo es en el grado en el que lo fue el tren de Guzmán; si de veras podrá haber entre todos los venezolanos una realidad y un destino común. En demasiadas ocasiones se ha llamado apátridas y traidores a quienes expresan disconformidades, o siquiera dudas, con el destino propuesto desde el Estado –y ahora presentado como una continuación necesaria de 1811– para allanar un camino integrador. Sería injusto obviar que desde la acera contraria no se lancen denuestos similares, más allá de que se maticen por el hecho de no estar siendo lanzados desde el poder. Por eso es también una evocación fragmentada: a la hora de convocarse a la fiesta, no todos se sienten convidados a asistir (de hecho, parece que en efecto muchos no lo estuvieron).

La situación no es fácil, como se ve. Una nación fragmentada tiene en serios problemas su porvenir. Sin embargo la fecha ha obligado a la reflexión. Las circunstancias todas –un simple recorrido por la prensa demuestra que es también una celebración opacada por demasiados descalabros– nos han hecho reflexionar. Tal vez allí encontremos algo de aliento. Creemos que el 5 de julio aún mantiene la suficiente fuerza para, al menos en algunas cosas, hacernos coincidir; y que su recuperación en ese sentido es posible. Que tal vez una relectura de su acta y de sus manifestaciones de libertad y soberanía ayude a reencontrarnos en otra clave. A cambiar definitivamente el opio por la libertad. A que atajemos el desastre de una definitiva fragmentación.

SIC, n.º 738, septiembre-octubre 2011, pp. 336-338

LA PATRIA ERA UNA FIESTA

Las fiestas son siempre una metáfora de la sociedad. Las tradicionales –esas que conmemoran sucesos colectivos y que engrosan lo que hasta hace poco se llamaba folclor– son representaciones de lo social en las que los antropólogos y otros especialistas han encontrado, golosos, vetas riquísimas para su investigación. La cívicas –también colectivas pero deliberadamente dispuestas por el poder– usan de esa capacidad representativa para que el Estado insufle sus ideas de legitimidad, sus valores y sus versiones de la historia en un colectivo al que espera amalgamar –o amansar o hasta amaestrar–.

Las privadas no se quedan atrás: más espontáneas, se asocian al acontecer particular de hombres anónimos, con sus pequeños triunfos y fracasos, con sus alegrías momentáneas pero intensas, sus alcances, sus temores, sus orgullos, aciertos y desatinos de gente del común. Las fiestas privadas son un campo en el que se ha reparado menos, pero que precisamente por su generalización y ductilidad, y por la libertad con la que cada uno interpreta hechos sociales más amplios, como la Navidad, los quince años de la niña o la parrilla para ver la final del béisbol, dicen mucho más de lo que somos, de lo que creemos y sobre todo de lo que esperamos ser. Ellas tienen su gramática, sus jerarquías, sus liturgias, sus roles. Ellas tienen su historia.

Veamos una que nos resultará emblemática: el bautismo. Los venezolanos, en términos generales, entendemos que este importante hito en la vida –algo así como el ingreso definitivo a la sociedad de quien no ha pasado de los aposentos íntimos de la familia– merece ser celebrado como se celebra todo recibimiento de una persona amada. Es más, para el momento en que el niño recibe el sacramento –aspecto religioso en el que suele repararse menos– ya ha tenido al menos dos celebraciones anteriores: la de los «meaos», a las semanas de nacer, y la del «agua», en la que un pueblo forjado durante un tiempo en el que la mortalidad infantil era altísima y los curas escasos, remeda un bautismo inicial, antes del definitivo, dándonos así la alegría de tener cuatro padrinos en vez de dos, como pasa con el resto de la cristiandad. En ambos casos, como en los matrimonios y hasta en los velorios, el asunto es con música y bebida: de hecho decimos que vamos a «beber unos *meaos*». Pudiéramos decir un par de cosas más, pero como no somos antropólogos, ni este es un artículo costumbrista, no entraremos en análisis para los que no estamos capacitados. Solo nos detendremos en la forma en la que históricamente las sociedades escenifican sus grandes certezas en estos acontecimientos. Y cómo un bautizo es singularmente revelador al respecto.

Para el siglo XVIII el ánimo festivo de los venezolanos estaba, como casi todos los componentes de nuestra identidad, completamente delineado. Para comprobarlo, en los archivos se amontonan las lamentaciones de los sacerdotes por la desarreglada vida de un colectivo dado a los guarapos –jugo de caña fermentado, pero no destilado–, a los aguardientes –sobre todo uno de trigo, que contrabandeaban los ingleses y que nunca pudieron entender las autoridades por qué nos gustaba tanto– y a los bailes. Hacia 1740 se populariza un fandango que acá llaman *xoropo*. La gente suda y se menea; las parejas se abrazan; las muchachas suspiran por lo que les dicen al oído; las letras son un escándalo de doble y triple sentido. Finalmente lo prohíben, pero no hay modo: a escondidas, en los patios, en los montes, lo bailan. No es bueno salir de noche en Caracas: las puñaladas parecen volar como los zancudos, pero la gente no se preocupa: que se baile hasta las cinco de la mañana. La ciudad está sucia, sus calles llenas de huecos, hay que multar con un peso de oro a quien no meta sus cochinos en sus solares –porque los cochinos levantan las lajas del empedrado– pero se aparece un italiano, monta una academia de baile y he acá a los caraqueños bailando minué (o acomodándolo e inventando un «minué congo», que es más sabroso). Son un primor las mantuanitas bailando minué: no hay viajero que no se enamore al verlas; y son un incendio las mulatas bailando tambor: no hay viajero que no sienta sacudidas en su cuerpo y en su conciencia al verlas.

Los gobernadores y curas hacen lo que pueden; un bando acá, unos azotes allá, el descuartizamiento de alguno otro por acá. Los controles y escarmientos son muy severos en una sociedad en la que no existe distinción entre lo público y lo privado, y la Iglesia tiene el derecho de discernir sobre todo lo humano y lo divino. A muchos logran sofrenar. Pero la gente juega barajas y dados; aunque las pulperías cierran sus puertas, están llenas de gente hasta la madrugada; hay mujeres que les guiñan el ojo a los transeúntes, son una mulatas lindísimas... ¡hay unas que hasta se meten en la noche en los cuarteles! Se dicen vendedoras de conservas de coco o de arepitas dulces. Naturalmente, el capitán general prohíbe tales negocios. Por su parte, un obispo debe ordenarles a los curas que al menos disimulen y que no bauticen a sus propios hijos. Porque hasta las cosas más sagradas dan para el jolgorio de esta «Babilonia de pecados», como la llama el prelado. El bautismo, por ejemplo, es una buena erogación que debe hacer el padrino: poner bastantes bebidas, una buena mesa, un grupo de música; en definitiva, lo que hacemos hoy.

Pero pocas cosas son más serias que una fiesta. Hay un episodio que refiere el historiador Luis Felipe Pellicer en su ineludible *La vivencia del honor en la Provincia de Venezuela 1774-1809* (Caracas, Fundación Polar, 1996). Ocurrió en Ocumare en julio de 1780. En casa de don Manuel Gómez hay una fiesta que, por el bautizo de su hijo, obsequiaba el padrino de la criatura, don Francisco Goytía, quien es comandante del resguardo del lugar. A la fiesta va todo el mundo, blancos y pardos. Pero –y es acá adonde queremos llegar– no van como iguales porque una sociedad basada en el principio de la «desigualdad natural» no podía hacer fiestas igualitarias. Los pardos quieren bailar en la sala, no en el patio, que es donde los ponen. Uno no se aguanta y se mete en la sala: los blancos se quejan: o espera a que no haya blancos bailando o que se vuelva a su lugar. Ha corrido aguardiente y el resentimiento acumulado se libera de las bridas: para ver qué dicen, el pardo Rafael Gutiérrez se pone a bailar en la sala con un sable en la mano. Cuando lo quieren sacar, dice que «él con la espada es tan hombre como cualquiera»; que, además, de mejores sitios lo han sacado: que «estaba acostumbrado a bailar con la Condesa de Tovar». El escándalo es mayúsculo y el hombre va preso. Al final debe pedir disculpas públicas. Tuvo suerte de que las cosas no hayan llegado a mayores.

Para todo da esta fiesta. Es la prueba patente del modo en que metaforiza a su sociedad. Primero, la naturaleza de un colectivo en el que todos están en el mismo sitio, pero no de la misma manera. Chispazos como este se encuentran en las pulperías, en las misas, en todas partes. Será uno de los pecados originales que deberá purgar la república cuando los blancos la funden en 1811: ella se presenta como una fiesta a la que todos están invitados, pero en la que no todos pueden bailar. Eso explica lo que desde entonces, y de diversas formas, ha venido sucediendo: el prolongado –y en muchos casos logrado– anhelo de los pardos por ascender. Cuando la guerra de Independencia, y después el rosario de guerras civiles que le suceden, les den la oportunidad, los pardos probarán que, en efecto, con un sable son tan hombres como cualquiera. Es la moral del valiente, del caudillo, del sablón. La que catapultará a hombres como José Antonio Páez, Julián Castro o Joaquín Crespo; es lo que logra en alguna medida atajarse cuando la sociedad se pacifica, y el petróleo y la democracia logran abrir oportunidades: ahora los que quieran ascender no tienen que ser espadones (aunque estaba abierta la Academia Militar como un chance para hacerlo). Pero es, acaso, lo que volvemos a ver cuando esas oportunidades se hicieron otra vez estrechas: con una pistola –se dicen demasiados muchachos el día de hoy– son hombres como cualquiera. O hasta –llegan a sentir– lo son más. Probablemente estemos simplificando demasiado las cosas, pero de esto se puede destilar una hipótesis razonable.

Que la condesa de Tovar se haya escapado alguna vez con un pardo no debería sorprender (las condesas solían tener sus «cortejos», como llamaban a sus amantes: cuando el producto de la pasión no se podía ocultar, había brujos que sabían de abortivos; o se las mandaba a una hacienda lejana, para que después una mano piadosa depositara a la criatura en un convento). Es precisamente ese tipo de costumbres lo que más alas les dio a los anhelos de los hombres como Gutiérrez. La sensación de que la patria es una fiesta a la que todos no podían entrar. De que un bautizo o cualquier otro sarao es la metáfora, en pequeño, de lo que aspiraban y no podían ser. Sí: todas las fiestas son metáforas de su sociedad.

Debates IESA, vol. XII, n.º 4, octubre-diciembre 2007, pp. 119-121

HISTORIAS DE UN LOBO INFERNAL

En septiembre de 1765 una mujer desesperada escribe una carta. Lo hace desde el pueblo de San Mateo, en los valles de Aragua, y su destinatario no es cualquier amigo o familiar, sino uno de los hombres más importantes de su tiempo y de su sociedad: el obispo Diego Antonio Díez Madroñero. Con el valor de los que ya están hartos, la mujer –y hay que recalcar eso: mujer y pobre– le advierte a Su Ilustrísima que, si no hace algo al respecto de lo que le comenta, tomará la justicia por sus manos. Y pasa a explicarle el plan: fingirá aceptación hacia los requerimientos sexuales de quien ya la había violado una vez, irá con él hasta donde le diga y, ya allí, sacará un cuchillo «para quitarle la vida por tener la gloria de libertar a este pueblo de ese cruel tirano».

Lo de aquella muchacha merecía pasar a la historia. Se ha propuesto nada menos que el camino de la gloria y el rol de libertadora, una generación antes que los hombres de la Emancipación. Y eso, que ya valdría para recordarla, no es lo fundamental del documento. Lo fundamental es ella y lo que la envuelve. Desde el dato, que hoy parecería fortuito, de que sepa leer y escribir, y que, además, lo haga con tanta vivacidad, demostrando unas cualidades excepcionales en relación con el promedio de sus coterráneos, todo lo que dice y amenaza es digno de atención; por ejemplo, que haya insinuado el tiranicido. Tal vez alguno de los sacerdotes que la ayudan en sus denuncias le ha informado que no es pecado, porque de otra forma no se entendería la franqueza con la que revela su plan de asesinato. Libertad, gloria, tiranicido: esta mujer enarbola muchas de las ideas de la Emancipación cuarenta y tantos años antes de 1810. No obtendría la gloria de matar a su tirano; pero sí, largamente, la de ser la precursora de los que luego van a discurrir igual. Y subrayamos lo de precursora. Hay que dar albricias de que sea una mujer; e insistimos: pobre y mujer.

Pero hay más. El seductor tampoco es cualquier hombre jalonado por feroces arrestos sexuales: es el propietario más rico de la comarca, su máxima autoridad, digamos, municipal –aunque el término no es del todo exacto: es su teniente de Justicia Mayor– y un hombre dado a los atropellos más variados que le permite el poder. Una enumeración sumaria pasmaría a cualquiera: laxitud en el negocio de los aguardientes locales que debía controlar, pero que él mismo fomenta, y adulteración, con ese aguardiente local, del importado; imposición de penas corporales según su arbitrio y no según las leyes; y, sobre todo, el acoso sexual a todas las muchachas de los alrededores que se ajusten a sus apetitos, que se han demostrado singularmente intensos y variados. O sea, según Jacinta Fernández, la autora de la carta, aquel hombre parece un «lobo infernal»: «me veo perseguida por un lobo infernal», se queja ante la autoridad episcopal.

El problema para los venezolanos de hoy es que ese lobo infernal era Juan Vicente Bolívar, nada menos que el padre del Libertador. Esta historia, como tantas otras que lo tienen como protagonista, son un escollo que el culto bolivariano no sabe bien cómo superar, como si las correrías de un padre que murió antes de poderlo criar fueran empacho para la obra del hijo. Pero fue a esta guisa que Salvador de Madariaga –el antibolivariano historiador español– desempolvó inicialmente el caso, dándole crédito a las aprehensiones que su estudio pudieran generar. Escrita con encono, a su biografía del Libertador que publicó en 1951 le venía como anillo al dedo esta mácula familiar y, se desliza en sus páginas, quién sabe si hasta genética también de un hombre que en sus páginas es todo errores y defectos.

Con tal antecedente hubo de esperarse medio siglo para que, más sosegados, otros historiadores lo retomaran ya con intenciones más emancipadas del culto a Bolívar y del arsenal de chismes que lo envuelven: primero Elías Pino Iturrieta en su ya clásico *Contra lujuria, castidad*, en 1992, e inmediatamente después Elizabeth Ladera en un artículo publicado en el Boletín de Centro de Investigaciones de Historia Eclesiástica de Venezuela, en 1993. Para ellos el tema trascendía el nudo bolivariano, en la dimensión de las hondas claves sociales que expresaba. No lo estudiaron porque se tratara del papá de Simón Bolívar, sino porque representaba un tema emblemático de la sociedad colonial, que es nuestro manto rocoso. Aspectos como la idea de sexualidad, la idea de pecado, la trama de las relaciones familiares o las mentalidades de la Venezuela colonial y de la de hoy fueron estudiados con el caso del padre de Bolívar.

El cuento era, pues, moneda de libre circulación entre la comunidad de los historiadores. Pero he aquí que aparece recientemente un nuevo libro sobre el caso: *Pastor celestial, rebaño terrenal, lobo infernal. Expediente a Don Juan Vicente Bolívar* (Caracas, Bid & Co., 2006). ¿Por qué su autor, el padre Alejandro Moreno, hombre de Dios y de hondas reflexiones sobre nuestra sociedad y su episteme, se puso a indagar en las aventuras de un lobo infernal? Él mismo lo explica en la primera línea: «buscaba un testimonio y encontré un mundo». Pocas frases dibujan mejor el sentido de la investigación histórica. Descartemos, por lo tanto, la obsesión bolivariana de nuestra historiografía clásica, revivida en estos tiempos por razones culturales: no se acercó al documento porque es otro chisme relacionado con los Bolívar, otro chisme más y para colmo muy adecuado para zaherir ciertas sensibilidades políticas. Tampoco se trata de una vuelta al tema de las mentalidades y la sexualidad, o no solamente eso. El padre Moreno es, largamente, uno de los investigadores y pensadores más importantes de Venezuela. Sus estudios sobre la familia y la mundivivencia de los sectores populares, en los que ha vivido con verdadero celo de misionero de Don Bosco desde hace años, son famosos y, en algunos casos, fundamentales, como *El aro y la trama* (1995). Su capacidad para interpretar la «episteme popular», que dialoga y pelea a la vez con una pretendida –no más que eso: pretendida– modernidad que la envuelve, debe ser agradecida por todos cuantos nos preocupamos por entender al hombre, su espíritu y su sociedad desde este rincón del planeta que es Venezuela.

El padre Moreno, que andaba buscando un testimonio de la mujer venezolana en sus luchas y en sus pesares, dio con el de Jacinta Fernández. Deslumbrado, se leyó todo el expediente, lo transcribió, hizo las pesquisas historiográficas de rigor y elaboró un texto que inaugura un nuevo género. No es una monografía de historiador, antropólogo o sociólogo; es algo más dinámico, lúdico y, por lo tanto, insinuante de lo que tituló «El drama de las ovejas y el lobo infernal». A contrapelo de la evolución histórica del teatro, actúa como un rapsoda que le narra a una audiencia una obra que vio. Así presenta su *dramatis personae*, pinta el escenario, levanta el telón, aparecen las voces de los protagonistas, se intercala un culebrón, retoma la historia central y aumenta la tensión hasta que entra el coro con sus máscaras de testigos a cantar su lamentación. Es, ciertamente, el paidós de los grandes dramas y tragedias griegas que representa una historia para comprender la esencia de la humanidad. De epílogo, para quienes quieran el dato fidedigno y la severidad académica, reproduce el expediente íntegro.

¿Crónica o novela no ficcional? ¿Historia fabulada? El trabajo de Moreno puede ubicarse en un meridiano que pasa cerca de las dos. El lector que no esté aclimatado a los discursos históricos se lo sabrá agradecer; y, seguramente, el historiador también. Lo agradecerán porque se lee de un tirón, porque se emplea el concurso de la ironía y, además, porque se lee con una sonrisa en los labios. Pero no una sonrisa cualquiera, sino una que busca en la inteligencia del lector el espíritu crítico de un tema que no tiene nada para reír. Los desmanes del lobo infernal han sido dolorosamente cotidianos en la vida venezolana; es imposible ver al funcionario corrupto y abusivo y no recordar nuestra larga tradición dictatorial y caudillesca. El hombre que debe controlar el aguardiente y lo produce es el funcionario policial que se alía con los delincuentes, el administrador que confunde las rentas públicas con su hacienda, el tirano de una sociedad que no ha encontrado un camino claro de institucionalidad.

Porque, más allá de las indulgentes sanciones a las que se somete el lobo, en la sociedad colonial funcionaron las instituciones, indistintamente de la opinión que su carácter nos genere ahora. Su catolicidad y, sobre todo, lo que entonces llamaba su sociedad civil encontró alguna forma de solución, como la encontraría –aunque con más vigor– en Caracas con desmanes similares de gobernadores como Ponte y Hoyos, o Cañas y Merino. En la capital el primaciado contó con más recursos y por eso no fue necesario el concurso del cuchillo. Pero cuando los tribunales, la Iglesia o la sociedad civil no existen, como en el San Mateo colonial, que es un pueblo de indios pobres y tributarios, solo el cuchillo es la solución; o sea, la fuerza, la lógica caudillesca contra el «tirano».

Nuestra vida republicana, con la crisis de la ciudad y la quiebra de sus élites e instituciones, es el triunfo del modo de vida de San Mateo sobre el de Caracas; modo de vida que, en algún grado, tal vez no hemos podido superar plenamente hasta hoy. Juan Vicente Bolívar requiere los favores sexuales de sus indias como remate de un sistema de abusos y privilegios más hondo y sistemático. Viola a unas, se acuesta con otras sin importarle la existencia de sus maridos –y hasta les buscaba maridos, como a la audaz María Bernarda, «la isleñita», si eso ayudaba a que los dejaran retozar en paz– y con otras más de mutuo acuerdo o gracias a favores (no duda en ofrecerle aguardiente para la venta a una de ellas). El sexo, por lo tanto, es en este caso una de las muestras más crudas de su sentido del poder.

Jacinta es la heroína de esta historia. Su dignidad, como la de tantos otros campesinos que se enfrentan al poder con la cara en alto, la franqueza con la que reconoce su violación y su mancebía de un año, el horror con el que ve a un hombre capaz de cortejar a ella y a sus tres hermanas a un mismo tiempo le merecen un lugar en la historia de Venezuela. María Bernarda, que asume su papel de amante, más que con reasignación con entusiasmo, es otra cosa. Pero el hecho de que tenga la audacia de fugarse de su presidio dos veces y hasta de casarse con un marido de cartón para vivir una relación de la que tenía hijos y con la que evidentemente estaba satisfecha merece también ser subrayado por su afán de vivir la vida y el amor según sus deseos.

Por eso el libro del padre Moreno es tan digno de celebrar. Por ponernos de frente con todas estas cosas y muchas más. Por revelarnos un pedazo de nosotros que muchos quisieran olvidar, mas no necesariamente superar. Como dice Elías Pino Iturrieta en el prólogo: «Las propuestas de Alejandro Moreno rompen numerosos códigos y ofrecen un examen de los hábitos familiares que, si se consideran con la debida atención, nos obligarán a mirar tales fenómenos con una óptica diversa y evidentemente más fructífera». Que así sea. Por nuestro bien y por el de toda nuestra colectividad.

Debates IESA, vol. XII, n.º 2, abril-junio 2007, pp. 89-91

VENTURAS Y DESVENTURAS DE LA NOBLEZA CRIOLLA

LOS MANTUANOS EN LA MIRA DE INÉS QUINTERO

Al final solo quedaron las mujeres. El mayor de los varones murió mientras regresaba de una misión oficial, ahogado en las aguas del Caribe. Su tío y los esposos de sus cuatro tías fueron ejecutados o cayeron combatiendo en la guerra. Su cuñado y algunos de sus sobrinos habían corrido con suerte similar. Ella estaba viuda, como todas sus otras primas. Nada más restaba, como consuelo, la monumental figura de su hermano menor, entonces el hombre más poderoso de Sudamérica, pero incapaz de revertir tantas desgracias.

Así, en medio de toda esa desolación, María Antonia Bolívar intenta reiniciar su vida. Es 1823 y regresa a Caracas. Atrás quedaron las cartas al rey alegando su condición de fiel vasalla, pidiendo el goce de sus propiedades confiscadas y poniendo una prudencial distancia con su hermano Simón. Delante tenía toda la historia de una república que nace entonces y que en sus angustias y dramas familiares nos muestra la cara más cruda de su porvenir.

Su biografía, por lo tanto, es la metáfora de nuestro proceso esencial de construcción como colectivo. Junto a la de Francisco Rodríguez del Toro, el famoso marqués del Toro, que también nos presenta Inés Quintero en los libros que acá se reseñan, son los rostros concretos, con domicilio conocido, trabajos y días específicos, de nuestra edificación republicana.

Ellas no solo nos remiten a problemas básicos de la teoría de la historia, como el del papel de los individuos y la tensión entre la libertad de cada hombre y las condicionantes de su momento; sino que también nos muestran, a través de sus *microhistorias* familiares y personales, la auténtica dimensión, vivida a escala dramáticamente humana, de procesos que, por el carácter magno y glorioso con el que tradicionalmente han sido narrados, se nos escapan a través de lienzos y bronces inaprehensibles. La mirada que nos insinúa Quintero permite otro itinerario. Muestra las virtudes y miserias de hombres y mujeres de carne y hueso; que no son monolíticos, que dudan, se regresan, se contradicen, tienen miedo, rabia, amor y sobre todo mucha tristeza. Que mienten para salvar el pellejo, propio y de los suyos. Que piensan en la patria o en el rey, pero también en sus hijos y primos. Que no dudan en jugárselas por un ideal, pero que por consideraciones familiares pueden desistir. Que tienen valores, sí, pero también angustias. Por eso constituyen un aporte fundamental a esa revaluación de la Independencia que se ha venido haciendo desde los últimos años. Un proceso más cercano, con personajes más reales y, por eso mismo, con problemas más universales, es el que emerge de sus textos.

Tomemos, para comenzar, un problema típico de la *grande historia* y cotejémoslo con esas vidas desmoronadas, para percibir cómo de inmediato adquiere una dimensión más real. Pongamos el caso de la ruptura de los mecanismos de control interno que, según autores como Germán Carrera Damas, fueron muchos de nuestros peores males para organizarnos como república. La radiografía de la destrucción de la nobleza criolla que leemos en estos libros nos los explica con una elocuencia que a otra escala difícilmente podríamos aprehender. Pensemos, otra vez, en esas familias hidalgas, descendientes de conquistadores, envanecidas por su blancura, terratenientes y muy ricas, que gozan del poder económico y social hasta 1810. Algunas, por méritos y dinero, pueden adquirir algún título de Castilla. Son la aristocracia territorial. Y pensemos ahora cómo en veinte años están diezmadas. No son pobres de solemnidad, aunque algunos se acercan a eso (pensemos en Juana Bolívar, hacinada con sus muchachos en una casa ajena porque la suya cayó en el terremoto, o en su prima Belén Jerez-Aristigueta, que pasó a la historia por su belleza –era una de las «nueve musas» de la Caracas prerrevolucionaria– y que en 1823 no tenía ni para las velas de una noche). El terremoto, las guerras y los saqueos han destruido sus haciendas. Y, con ellas, sus vidas. Se trató de una mudanza de circunstancias apocalíptica. Deben compartir la escena social con advenedizos, aquellos a los que las virtudes de la guerra o de la política han catapultado al pináculo; sus miembros más importantes están muertos y, como pasaba con la familia de María Antonia, el resto se había vuelto un clan de viudas pobres y prematuramente envejecidas. Eso es lo que quedaba de quienes habían sido la clase hegemónica, sin sustitutos posibles a la vista... ¿Cómo, tiene razón Carrera en preguntarse, reponer el orden interno?

La gente del ámbito de María Antonia y el marqués del Toro no tenía respuestas claras. Ahora no solo tienen que competir con los recién llegados, que se estaban metiendo en sus casas –literalmente: una de las sobrinas se casa con un pardo; la otra, con un orillero que se haría célebre: Antonio Leocadio Guzmán– sino que además debía aguantar ese nuevo orden de cosas como patrón general. No es poco. Por eso quienes afirman que la Independencia no produjo ningún cambio social no solo deberían leer estos libros, sino reparar en lo que significó la abolición de los títulos nobiliarios y el fin del sistema estamental y de castas; o en el impacto de instituir una república en la que los méritos y las virtudes sustituyeran al abolengo para el ascenso social en cosa de tres lustros. Una simple mirada a su familia podía darle a María Antonia la idea global del grado de *desorden* que siempre temió en la Independencia. Seguramente le confirmaba sus peores barruntos sobre una revolución a la que, por algo, se opuso desde el principio. Para 1823, por ejemplo y para su infinito escándalo, al corro de viudas de las Bolívar-Palacios y Jerez-Aristiegieta, se había unido Josefa Tinoco, la mujer con la que jamás quiso casarse Juan Vicente, el hermano mayor, pero con la que tuvo dos hijos, que reconoció. Para María Antonia era simplemente una manceba, pero para Simón, más democrático y comprensivo con las cosas del amor, no. Él asume la educación de los niños –Felicia y Fernando– y siempre será un apoyo contra todas las intenciones de María Antonia para sacarla de la casa paterna que le había dejado (y que tenía, ¡cosas de gentes inferiores!, vuelta una pensión).

Pero si lo de Josefa era al final un lío comprensible –la mujer esa, puede imaginarse uno a María Antonia profiriendo, que se le metió por los ojos a Juan– los otros problemas con su hermana y tíos sí eran algo más grave. Porque no es que antes los mantuanos no se pelearan por tierras entre sí, sino que la cosa nunca había llegado tan bajo. Se pelea María Antonia con su hermana Juana por cuestiones hereditarias; se pelea con los ocupantes y arrendatarios –muchos familiares suyos– de las haciendas que, gracias al largo exilio, se habían acostumbrado a hacer lo que les viniera en gana y a no pagar la renta; se pelea con los de las minas de Aroa, hasta que al final los saca y las puede vender. Son pleitos que le demuestran hasta qué punto las cosas no estaban en su lugar y a los que dedica sus últimos años, con un tesón que les permite ganarlos uno a uno. Pero también puede ver cómo su hijo se convierte en un calavera por el juego; cómo, en su empeño de fomentar la igualación, Simón, como cualquier patriarca mantuano, le ordena a Felicia que se case con un desconocido –nada reprochable según los usos– pero, y esto es lo insólito, ¡el desconocido es el pardo José Laurencio Silva!, cosa de la que ya hablaremos; ve cómo el mismo Simón vive con una mujer casada en Bogotá y cómo hasta ella misma sale preñada dos veces fuera del matrimonio (su marido llevaba años lisiado por la enfermedad) y tiene que dejar a las criaturas como expósitos.

Este inventario de chismes, que tanto entonces como ahora alimentaría los cotilleos de la alta sociedad, para el historiador dice algo más. No se trata de los escándalos, sobre todo de la carne, de una familia más o menos acostumbrada a ellos (¡hay que ver en los que se metía su papá, Juan Vicente!). Se trata, si lo vemos en sentido histórico, del *desorden* al que tanto temían los defensores del régimen colonial (al que no en vano llamaban *buen orden*). En efecto, si en la historia los procesos no se tradujeran en conflictos inmediatos y cotidianos como esos, no tendría sentido. Así el conjunto de esos pequeños cortocircuitos en lo que había sido la sociedad colonial es, sin duda, la mejor muestra de lo que estuvo en juego. La pérdida de lo que los realistas como María Antonia entendían como el *buen orden*, definido por Dios y Su catolicidad.

Esto era así para 1823; veamos ahora cómo fue durante la guerra. El marqués del Toro y María Antonia Bolívar parecen, a primera vista, cada uno estar hecho de otra pasta histórica. Ella es un ama de casa sin ninguna figuración política, que logró escaparse del olvido únicamente por la *deformación bolivariana* de nuestra historiografía. Como, según este visor, todo lo que tenga que ver con el Libertador es rescatable, en buena hora sus cartas y otros papeles fueron recogidos –aunque las pesquisas de Inés Quintero en los más diversos archivos venezolanos y españoles arrojaron numerosísimos datos nuevos– y así, el día de hoy, están «al descubierto pareceres, consideraciones y resquemores de quien, muy probablemente, fue la única criolla principal que dejó testimonio escrito sobre el difícil y contradictorio proceso que se inició con el desmantelamiento del orden monárquico y finalizó con la disolución de Colombia y la creación de la República de Venezuela» (2003: 13). Por su parte, el marqués del Toro, gracias a su posición social e indiscutible habilidad política, se las arregló para siempre quedar en la primera fila de los acontecimientos y escoger al bando correcto en cada caso, obteniendo desde el principio un puesto preeminente en la Historia patria.

Los dos, sin embargo, expresan una misma realidad. Leídas ambas biografías nos damos cuenta de lo cerca que estaban; percibimos cómo las diferencias personales –una realista feroz y un patriota más bien tibio– se disuelven tanto en su condición de criollos principales, miembros de la nobleza caraqueña, como en el tremendo momento que les tocó vivir. Pensemos en las sendas cartas que le escriben al rey desde sus exilios antillanos –ella desde Cuba y él desde Trinidad– defendiendo su condición de fieles vasallos, pidiendo disculpas (el marqués) y suplicando el goce de sus bienes (que en ambos casos se concede). Luego pensemos en cómo, tras la batalla de Carabobo, el destinatario pasa a ser Bolívar. Es decir, en cómo las distintas circunstancias hicieron que María Antonia terminara aviniéndose a su hermano y el marqués buscando al deseado don Fernando; en cómo era un asunto de vida o muerte, más que ideológico: ella tenía un marido enfermo que al final muere y la deja con los muchachos pequeños, y él tenía un hermano inválido, una mujer lejos que había que ayudar y una parentela desamparada; así la vida los hizo cruzar sus caminos y demostrarnos que sus historias eran una sola: la de los nobles de Caracas arrasados por un vendaval que en buena medida impulsaron en 1810, indistintamente del bando que escogieron. En 1820, cuando Morillo llamó a los emigrados a que volvieran, Gertrudis Rodríguez del Toro, la hermana del marqués que se quedó en Caracas, le escribe a su hermano Juan José, que, con Francisco, se ha ido a Trinidad. En una frase explica lo que la gente común saca en concreto de los vaivenes políticos. Comoquiera que los emigrados no se atreven a regresar, ella comenta que regresar los bienes confiscados sería «el imán más poderoso para atraerlos, porque todos quieren vivir en donde tienen que comer y que vestir» (2005: 174).

Ser político, por lo tanto, es una profesión. Aunque todos participamos de la política, no todos la ponen por encima de lo demás. El común termina pensando como Gertrudis. En 1822 el Libertador le escribe al marqués: «yo pertenezco a la familia de Colombia y no a la familia de Bolívar; yo no soy de Caracas, soy de toda la nación» (2005: 182). No solo es una monumental demostración del paso de la sociedad estamental a la nacional, sino de aquello que una mujer con bocas que mantener difícilmente entendería. Es verdad: el marqués lo entiende, pero habría que ver lo que pensó su hermana cuando se lo comentó.

Él tampoco es un político profesional como Simón. Frente a la rectitud y el carácter de María Antonia –ni qué decir de su hermano– parece más bien fluctuante, melifluo, poseso de una cautela que hace pensar en franca cobardía; pero no por eso es un traidor a lo que entendía como su misión de cabeza de la sociedad. *Comer y vestir*: su hermana explicó muy bien en qué consiste la política para las mayorías. Comer y vestir, pues, pero como un marqués (lo que en esencia responde a los intereses de su clase, la nobleza), fue lo que hizo durante cincuenta años. Por eso se trató de un actor que en cada escenario interpreta su papel. Cuando el decorado es de finales del siglo XVIII, lo vemos pagando todos los costes del marquesado que acaba de heredar y defendiendo en el cabildo los privilegios de su clase; cuando la provincia se sacude por Gual y España y Miranda, ahí está el marqués para ofrecer su vida y sus bienes en defensa de Su Majestad; pero cuando los patricios se alzan en 1810, está entre los más comprometidos, es el primero en hacer armas para defender el movimiento y sus fracasos militares, estruendosos si los ha habido, no obstaron para que dejara de dar más pruebas de patriotismo, votara por la república en 1811 y hasta renunciara al título que tanto le había costado treinta años antes. Pero en lo que la república se viene abajo, deserta del ejército y huye a Trinidad. Su caso no es tan dramático como el de los Bolívar-Palacios: en la isla monta unas haciendas con un socio francés y le pide perdón al rey en muy fieles representaciones. No acude, ni por asomo, al llamado del Libertador para reintegrarse al ejército patriota; obtiene el ansiado perdón real y retorno de sus propiedades y se apresta a disfrutarlo, cuando se entera de Carabobo. Entonces desempolva la amistad con Simón, regresa a Caracas como un héroe, lo hacen general de División de Colombia y recibe el cargo de intendente de Venezuela. Ya está viejo y a poco se retira de la vida pública, aunque aún se atreve a algunas incursiones: perspicaz hasta la senectud, cuando las cosas empiezan a irle mal a la nueva élite dirigente se le ve –¡a él, un marqués!– entre los fundadores del Partido Liberal. Pero cuando este se haga demasiado radical y se torne peligroso aparecer en su nómina, poco a poco se desliga haciendo mutis por el foro.

En fin, siempre sale bien parado. Vivirá con su halo de heroísmo hasta los noventa años, casi como reliquia de la Emancipación. La sociedad, reverente, no dejará de llamarlo marqués. Muere en medio de la admiración nacional por el Ilustre Prócer y así lo recordamos hoy. Para cada decorado, pues, un papel... Salvo los héroes, ¿no será el mecanismo básico de supervivencia de los hombres comunes? ¿No es aquello de lo que se aprovecha el poder para doblegar las voluntades, sobre todo en casos como este, donde el aserto evangélico de que «donde tienes tus riquezas, tienes tu corazón», parece definir toda una acción pública? ¿O no es que simplemente los cambios en el decorado son los que nos mueven a desempeñar roles que a veces son insospechados para nosotros? *Comer y vestir*: todas las disquisiciones éticas (y políticas) consisten en cómo lograrlo con dignidad... o simplemente en cómo lograrlo, así, a secas. Es la tragedia de la política cuando la estudiamos a través de las gentes del común.

Porque no es que el marqués o María Antonia no ensayaron mecanismos para conseguir ropa y comida sin violentar demasiado sus ideales. En 1825 María Antonia Bolívar, no tan acomodaticia a los cambios como el marqués, le manda a dar una paliza a un carpintero. Según parece le respondió mal a uno de sus regaños. Tal vez el problema radicó en que él pensaba republicanamente, que estaba en su derecho de responder según lo creyera y a quien quisiera; pero ella sigue siendo una mantuana que se siente quién para darle de golpes a cualquiera e incluso escribírselo a Simón como prueba de los peligros de la *pardocracia*. El marqués, por su parte, recibe por ese entonces ataques en la prensa por su desempeño como intendente: se le acusa, nada menos que de corrupto, de practicar nepotismo, de mandar sin tomar en cuenta las formas. Aunque ambos salen bien parados de los sucesos, el solo mal trago les demuestra que ya las cosas no eran iguales. El matrimonio, por ejemplo, de Felicia Bolívar con José Laurencio Silva demuestra el compromiso del Libertador con el proyecto emancipador: se trata de un hijo fidedigno de la *virtud armada*, un pardo ascendido por el valor. Así, «La boda de Felicia Bolívar, descendiente de conquistadores, con José Laurencio Silva, héroe de la guerra, era sin duda la materialización en su propia familia de esta alianza que daría lugar al nacimiento de una nueva clase de republicanos» (2003: 91). En un principio Felicia se lamenta y le pide recapacitar, pero el Libertador amenaza con desheredarla. Él podrá ser muy revolucionario y filosofar con Robinson de la educación y libertad de la mujer, pero cuando se trata de la sobrina que está cuidando, es un mantuano más: te casas con quien te digo y punto. No se puede saber el resultado final del matrimonio, pero todo indica que llegaron a un razonable avenimiento: tuvieron siete hijos.

Ahora bien, así como Bolívar no muestra corazón para las súplicas de Felicia, en 1791 el marqués del Toro no lo mostró para Rosalía de la Madriz, mantuana que deseaba casarse con un pardo. Sola, apartada de la familia y ya de cuarenta años, había encontrado consuelo y hasta manutención en Juan Manuel Morón, y quería legalizar el estado de cosas con una boda. Sus hermanos le abren juicio porque con el pardo le «echaría un tizne» a la familia. Ella, desconsolada, abre más su sinceridad y confiesa: también esperaba una criatura. Ni por esas... El marqués, testigo en el juicio, refrenda a los demandantes: la boda no va. Entre la boda de Felicia y la desventura de Rosalía está el camino que recorrió aquella sociedad en treinta años. En ambos casos, ni el marqués ni el Libertador podían mostrar corazón: se trataba con cumplir con sus roles históricos. Pero lo que media entre ambos fueron mudanzas tales que solo podían producir miedo. En el primer caso la *moral como estructura* patriarcal se enarbola para que no se «ensucie» la sangre; en el segundo, precisamente para que se hibride como signo de modernidad republicana.

Pero los palos que manda a dar María Antonia son expresión del miedo a esas hibridaciones. Se trata de lo que los rivadavianos proponen, por aquel mismo tiempo y aquellas mismas causas en Argentina: «poner orden a palos». No en vano ella configura, de una sola vez, todo lo que sería el corolario conservador hispanoamericano que nace entonces: le pide a Bolívar que «ponga orden»; se resigna –otros como el marqués son algo más entusiastas– a una república, pero esta ha de estar bajo el estricto manejo de los principales, quienes llevarían los cambios con moderación.

El marqués, siempre sagaz, también llega a una conclusión así, pero sabe que Bolívar está lejos. Por eso no tarda, de nuevo con gran tino, en coquetearle a Páez. Si alguien, en los años ochenta del siglo anterior, cuando era un regidor del cabildo empelucado, le hubiera dicho que con el tiempo se preocuparía por las reticencias de un llanero a jugarse unos gallos en su hacienda, no lo hubiera creído. Pero sí, en efecto, a eso llegó. Al conservadurismo que busca un hombre fuerte, pero, véase bien, ya no en los nobles sino en los nuevos caudillos. Definitivamente, la historia había cambiado. El marqués le monta un juego de gallos al Centauro: «¡Cuánto silencio de su parte –le escribe en 1823– [...] le tengo a Ud. preparadas de quince a veinte peleas de gallos superiores y siempre muy dispuesto a complacerle en todo...» (2005: 188). Diecisiete años después, en otra vuelta de la historia, se mete en el partido de oposición a Páez, pero de nuevo con un advenedizo: del brazo de aquel Guzmán que tanto disgustó a María Antonia por enamorar y empreñar a una de las «blanquito», Carlota, una de las huérfanas del corro de viudas Jerez-Aristiguieta.

En 1851, cuando muere el marqués, ya es una curiosidad histórica de los inicios de la Independencia. La sociedad lo llora con profundo respeto. Es el último de los firmantes de la Independencia en fallecer. Como escribió un cronista de la época: «debía ser un hombre de posición social dignamente conservada en una tierra donde todo es mudable» (2005: 234). Sí, *comer y vestir* con dignidad: he ahí la ética política de cada quien, indistintamente de que para Bolívar la dignidad haya sido un ideal por el cual bien valía pasar hambre y desnudez, y para el marqués fuera eso: ser siempre *el marqués*. Remata Inés Quintero: «La visibles inconsistencias del marqués, sus idas y venidas no son exclusivamente expresión de una peripecia personal, sino también manifestación dramática de los cambios y reacomodos que generó el proceso de la Independencia entre nosotros» (2005: 236).

Lo mismo puede decirse de María Antonia Bolívar. Y, para ambos, lo que propone Inés: «Paz a sus restos».

Con estos libros, Inés Quintero no solo revisita de una manera novedosa la historia venezolana –y sobre todo de una etapa que no por tener una superabundante historiografía está del todo comprendida, como ellos demuestran– sino que redondea algunos de los problemas fundamentales de sus inquietudes investigativas, como la historia de la mujer –tiene coordinado un esclarecedor *Las mujeres en Venezuela, historia mínima*– que a través de la verdadera «madre coraje» de María Antonia se pone de manifiesto, y la de la nobleza colonial –ya había desempolvado otro episodio eludido de nuestra Emancipación en su *La conjura de los mantuanos*, sobre la conspiración de 1808. Esta prolífica autora, que goza de una pluma tal que sus libros –sobre todo el de María Antonia– se convierten en verdaderos *best sellers*, acaba de concluir una tesis doctoral sobre la aristocracia criolla. Con una parte de la misma se incorporó, el pasado 13 de octubre de 2005, como una de los más jóvenes individuos de número que aparecen en los anales de nuestra Academia Nacional de la Historia.

Su incorporación es triplemente alentadora, porque refleja la renovación de nuestra vieja y noble Academia por tres vías: por lo joven de la académica, por ser mujer (solo tres la han precedido en el honor, tendencia que afortunadamente ha comenzado a cambiar) y por lo innovador de lo que escribe. Así, los mantuanos en la mira de Inés Quintero son tan solo la promesa de un venturoso porvenir para la historiografía nacional.

Debates IESA, vol. XI, enero-marzo 2006, pp. 132-136

LOCURA Y SOCIEDAD CIVIL

Ese hombre debe estar loco. Un día se lo ocurre una cosa, al siguiente la otra; desde que llegó al gobierno no parece guiarse por nada distinto que sus antojos y, para colmo, habla hasta por los codos. Es verdad que ha dispuesto unas cuantas obras públicas, pero hace cosas –fiestas, juegos, actos de calle, chistes– que si bien le han granjeado la simpatía de algunos, sobre todo los pobres, ya son escándalo entre los que se ponderan más estudiados y prácticos en eso que el más célebre de ellos llamaría, en documento igualmente célebre, «los viejos usos de la sociedad civil». Por ejemplo, a pesar de la escasez y los retardos en todos los sueldos, su fortuna personal –y las de un puñado de hombres de negocio cercanos a él– no hace sino aumentar, al tiempo que decide gastar lo poco que queda en las arcas en sus actos, acaso prevalido de que a falta de pan, el circo solo algo puede hacer...

Por eso la frase que al principio se dice a la chita, con los meses adquiere una forma franca. La gente comienza a decirla en voz alta hasta atravesar a la ciudad, al país entero: ese hombre debe estar loco. Es un tirano. Hay que pararlo de alguna manera. Hay que salvar la república. Hay que sacarlo del poder.

Entonces se reúnen los máximos representantes de aquella sociedad civil, los que detentan grandes intereses económicos, los propietarios, los profesores, el clero –el primero en enfrentársele, al costo de no pocos agravios–, los letrados, en fin, la élite, y deciden emprender la resistencia. Para eso escogen como portavoz a la mejor pluma con la que cuentan, al historiador –que es como decir a su ideólogo– que despunta de entre ellos. Elaboran una buena argumentación. Evocan los límites del poder y la legalidad. Le hacen desaires. Y tienen éxito. El 22 de septiembre de 1714 llega un oidor de la Audiencia de Santo Domingo con la orden de hacer preso al gobernador José de Cañas y Merino. Entonces el cabildo –que por conducto de José Oviedo y Baños ha escrito sendos informes al rey– puede darse el gustazo de apresarlo y despositarlo en una celda. Pero Cañas tiene amigos: mucha gente acude a la cárcel en su apoyo. La cosa adquiere tinte social: el marqués de Mijares advierte que entre sus partidarios no hacen sino hablar mal «de las familias más ilustres de la ciudad». Muchos opinan que la animadversión vino por quererles imponer la ley a los mantuanos. Tanta gente visitándolo, además, es un problema: tal vez hagan que el hombre vuelva. Por eso hay que moverse más rápido aún. Al final el rey se inclina hacia los argumentos del marqués y la sociedad civil gana el proceso.

Este episodio de la Caracas colonial tiene mucho de anecdótico, sobre todo en los coloridos desmanes de Cañas –sus carreras de gatos y gallos, su legendaria voracidad sexual, que no se detenía ni ante las mantuanas ni ante las mujeres casadas: a los pobres maridos no les quedaba más remedio que huir; o su corrupción generalizada, sus negocios con el contrabando que supuestamente debía combatir; su círculo de comerciantes franceses que lo cohonestaban– pero por sobre todo eso da para mucho más. Por ejemplo, a Augusto Mijares (que se mantenía en el bando y las razones de su ancestro) le dio suficiente para algunos de los más luminosos ensayos que sobre la historia de Venezuela se han escrito, recogidos en su *Interpretación pesimista de la sociología hispanoamericana* (1938). Empeñado en desmentir las tesis que nos dictaminaban a los «gendarmes necesarios» como la única posibilidad de gobierno razonablemente ordenado, se dio a la tarea de encontrar alguna tradición civilista en Venezuela. Así, procedimientos como los llevados adelante con Cañas y Merino, en los que la ley y la sociedad civil (la categoría, entonces en desuso, la toma de la Carta de Jamaica, donde Bolívar llama así a las repúblicas municipales de la Colonia) se imponen sobre los excesos del poder, se le presentan como la prueba fehaciente de que los venezolanos somos susceptibles de legalidad, regularidad y civismo.

No llegó muy lejos en su tiempo, demasiado politizado y estatista como para pensar de forma distinta a la de la «sociedad política», sus partidos, ideas revolucionarias y planes de gobierno; pero ahora que la idea de sociedad civil está de vuelta, que la política apenas empieza a emerger del peor de los desprestigios posibles y que acabamos de presenciar no pocas cosas comunes con el caso de Cañas, tanto el episodio como las tesis resultan atendibles. A nosotros, de momento, solo nos interesan tres aspectos de los muchos que podemos extraer al respecto: primero, la idea de sociedad civil se asocia a una élite capaz de organizarse; de tener, valga la categoría, suficiente conciencia de clase como para identificar sus intereses y defenderlos; dos, su existencia se manifiesta en la medida en la que se enfrenta a la sociedad política, por llamarla de algún modo; y tres, el político que la confronta suele buscar apoyo en aquellos que no son de la élite. Para eso se salta todas las formas de la república –en el sentido clásico, mantenido en la colonia, de conjunto de los ciudadanos: el cabildo colonial se parecía más a una asociación de vecinos que a un concejo municipal actual– y eso lo lleva a una excentricidad, a una «locura» que exaspera a la sociedad civil.

Obviamente, es tanto lo que los teóricos han tratado sobre el punto que no aspiramos a una originalidad señera. Solo aceptemos –como en efecto aceptamos– la tesis de Mijares: en efecto es identificable una tradición civil en nuestra historia. Viendo algunos casos notables, unos que incluso él mismo trae a colación, encontramos cierta verificación de lo planteado. Por ejemplo, en 1703 el gobernador Ponte y Hoyos intenta salir desnudo a la plaza Mayor. Era el remate de un conjunto de acciones extrañas que venían demostrando su locura. Se le destituye, pero el jefe de Armas se niega a que los alcaldes ocupen el gobierno. Se considera a sí mismo el idóneo para hacerlo. Pero vitoreando al rey, desenvainando sus espadas, buscando sus pistolas y alzando el pendón real –que era la presencia sacramental de Su Majestad– de cualquier modo los cabildantes se hacen de él, disuelven a la tropa que quiere controlar las cosas e imponer al jefe de Armas, hasta que de España llegan nuevas providencias. ¿Qué más prueba de una sociedad civil que la de aquella que espanta lo que tal vez hubiera sido el primer golpe pretoriano de nuestra historia, bien que desenvainando sus espadas? En todo caso, es un episodio menos elocuente que el de Cañas, pero ya lo avizora, así como lo que pasará el 19 de abril de 1810.

Más adelante, lo que hace el cabildo frente a la Compañía Guipuzcoana, apoyando la gran rebelión de 1749, nos manifiesta a la élite alineada con un sentir tan ampliamente compartido por todas las clases que evidentemente ya es nacional. Los problemas reales estallan después de la deposición de Emparan. Primero, la sociedad civil solo cuenta –más allá de las pistolas y el coraje de algunos de sus miembros– con la ley, por ejemplo, al rey, como argumento para defenderse. Pero si esta ley desaparece y la nueva no tiene consenso suficiente las cosas cambian. El fracaso de 1812 en buena medida responde a ello: la desinstitucionalización que implicó el desmontaje del orden colonial sin que cuajara el republicano le quitó la legitimidad a la élite caraqueña que le permitió los éxitos anteriores. Fue por eso que un hombre como Monteverde pudo iniciar las «locuras»: precisamente para reponer la ley, la viola de todas las formas posibles, se apoya en los más pobres contra la élite y finalmente se hace con el poder (esta vez sí gracias a nuestro primer golpe de Estado), abriendo un camino que completará Boves, quien según Bolívar acabó con «tres siglos de civilización». Derrotado e impactado por la reacción, el mismo Bolívar lo confiesa en Carúpano en 1814: aquel fin de las formas republicanas y civiles se trata de «una inconcebible demencia»; es la que se les opone a los republicanos. A ellos, a los que un año después declara herederos de «los viejos usos de la sociedad civil».

Es la demolición de las formas de vida, de los principios, el caos en el que nada parece estar en su lugar, lo que espanta a la sociedad civil. Por eso, cuando se volteen las cosas y ahora sean los patriotas quienes quieran soliviantar el orden, como a los locos los verán los realistas en los cabildos restaurados después de 1815. No solo su gran propagandista, José Domingo Díaz, hablará del «aturdimiento inexplicable» de Bolívar y dictaminará al «espíritu de independencia» como una «enfermedad contagiosa» que debe combatirse acabando con la «excitación» que lo produce, por ejemplo la luz o el sonido (ergo, había que encerrar a sus posesos); no solo hace eso, sino que cuando se reorganiza la nueva república (no municipal, sino nacional) en Angostura, redacta un manifiesto en el que los cabildos de la vieja tradición niegan la legitimidad del nuevo Congreso.

No obstante será un cabildo republicano el que finalmente dé al traste con Bolívar. Comprendiendo la necesidad del apoyo de la élite y del traspaso de las formas tradicionales de legitimidad a las modernas, en cuanto triunfa en Carabobo busca que el cabildo caraqueño jure la Constitución de Colombia. Según ella, la ciudad deja de ser la capital de Venezuela, es incorporada a la nueva república colombiana y queda a lo sumo como cabeza de un departamento. Aquello deja anonadada a la élite caraqueña. Tanto, que «jura con reservas» (o sea, en realidad no jura), se queda tranquila por un tiempo, mientras Páez termina con la resistencia realista que aún no es poca cosa: está en Puerto Cabello y logra retomar Coro y Maracaibo. Pero en cuanto puede se alza. Es la Cosiata.

Debates IESA, vol. x, n.º 4, octubre-diciembre 2005, pp. 94-96

HISTORIA TRÁGICA DE LA LIBERTAD

Después de dos siglos de independencia, de numerosos ensayos republicanos, de reformas liberales en el siglo antepasado y neoliberales en el pasado, aún vale preguntarse si, siquiera en términos formales, de veras hemos sido libres.

En el número 18 (del año 2008) de *Perspectiva* aparece a este respecto un artículo revelador, históricamente revelador (*Perspectiva* es la revista que edita el Instituto de Ciencia Política Hernán Echavarría Olózaga, con sede en Bogotá y aliado de una vasta red latinoamericana de centros de investigación y difusión académicos –por Venezuela se encuentra el Centro de Divulgación del Conocimiento Económico, Cedice– que tienen entre sus objetivos centrales la defensa y la promoción del pensamiento liberal). El artículo, titulado «Para un millar de pueblos, de historias y de culturas», ni siquiera se hace la pregunta en los términos acá planteados: yendo más allá, se la plantea casi existencialmente: ¿es posible que los latinoamericanos podamos ser libres? No se trata de cualquier cosa cuando la democracia y en general la economía de mercado parecen haber triunfado en casi todos nuestros países. Ni tampoco cuando quien lo hace no es un socialista que aborda el tema desde otra perspectiva que también valdría la pena trajinar: ¿representan, en realidad, la democracia y el libre mercado la libertad?

Obviamente que se trata de una discusión muy larga, en la que se cuenta con una inmensa lista de argumentos a favor y en contra que trascienden la escala de este artículo. Lo que nos interesa, en su perspectiva histórica, es que, ya frisando la primera década del siglo XXI, Andrés Mejía Vergnaud, el autor del artículo, haya vuelto sobre el famoso aserto de John Stuart Mill según el cual «el despotismo es un modo legítimo de gobierno cuando se trata de bárbaros» –que aparece en su clásico *Sobre la libertad*, de 1859, y que a tantas generaciones de latinoamericanos ha inquietado– y encima lo haya hecho con ánimos de desmentirlo, lo que dice mucho de la vigencia de un problema que arranca en el mismo momento de la Emancipación. Es notable que tan temprano como en la década de 1830 –y en casos como el personalísimo de Simón Bolívar mucho antes, ya en 1812– la sucesión de fracasos o a lo sumo de éxitos muy parciales de las reformas liberales aplicadas en toda la región generó más dudas que certezas sobre su viabilidad.

En la primera hora se impuso el criterio de que el objetivo, después de obtenida la independencia, era establecer la libertad, en una nueva acepción de la palabra, porque las palabras no siempre ni para todos significan lo mismo: la del ideario liberal (es decir, libertades del individuo, especialmente la económica y la de conciencia, hasta entonces inexistentes, y la posibilidad de que busque la felicidad según sus valores, otra novedad absoluta: la felicidad no era un proyecto en sí hasta el momento). Basta con echar un vistazo a las primeras legislaciones venezolanas de 1811 y 1812, las de la Gran Colombia a partir de 1819 o las de la Argentina de Bernardino Rivadavia, primero como ministro y después como presidente entre 1821 y 1827, por solo poner tres ejemplos emblemáticos.

Durante un siglo, Hispanoamérica se debatió entre estos sueños estrictamente liberales y la resignación a solo vivir lo que fuera posible de ellos, cuando por diversas razones se demostraban impracticables. Los llamados conservadores, que hacia 1830 eran una especie de exhortación a la prudencia y al orden, y los «gobiernos científicos», como el porfiriato y el gomecismo en el *entresiglo* (1870-1930), fueron expresión de esto: las grandes metas del liberalismo se mantuvieron como legítimas, pero postergadas como quien deja para algún día, para cuando se den las cosas, un sueño imposible; al menos para cuando las reformas que emprendieron (orden, inversión extranjera, inmigración europea, educación, infraestructura) las hicieran posibles, algún día. Los fiascos obtenidos por lo que el historiador Germán Carrera Damas llamó «el espejismo liberal», que según parece embolató a los líderes del decimonono, terminó llevando a las «tiranías liberales» (por emplear el famoso oxímoron que el historiador Manuel Caballero acuñó para el gomecismo) de finales del XIX y la primera mitad del XX, a la consolidación de los Estados-naciones y a las reformas liberales (sobre todo económicas), pero no a la libertad. ¿El apotegma de Stuart Mill?

Hacia la década de 1930, rendida o desengañada, y de paso confirmada por la crisis de los gobiernos liberales europeos, Hispanoamérica sacó al liberalismo de sus objetivos centrales –¡hasta Europa lo estaba haciendo!– y se hizo nacionalista, revolucionaria, democrática y, en muchas ocasiones, hasta más o menos socialista. Ciertos grupos se hicieron francamente comunistas. En los siguientes treinta años, el viejo liberalismo prácticamente termina de morir. Para la década de 1960 la región se debatió entre el desarrollismo de derecha y el socialismo marxista leninista, que a su modo era también desarrollista. Ensayó la industrialización, fomentó el bienestar de las clases medias –que se expanden, a veces incluso nacen entonces y viven su edad de oro– y por lo general se olvidó de las libertades: ¿para qué? ¿No se estaba electrificando, escolarizando a los niños, dando créditos hipotecarios fáciles, construyendo autopistas, incluso promoviendo un nuevo empresariado? El Estado, de derecha o de izquierda, era la solución. Y, la verdad, en su momento en gran medida lo fue: ¿quién si no él hubiera podido emprender entonces proyectos tan vastos?

Claro, a la larga, cuando las deudas acumuladas no pudieron ser honradas, los déficits crearon inflación y muchos gobiernos se convirtieron en dictaduras de «guerra sucia», nos dimos cuenta del alto costo que hubo de pagarse para la modernización. El balance es difícil. Por un lado, se aprendieron algunas lecciones. Además, quedaba una clase media, aunque magullada a finales del período, más educada que sus padres y con posibilidades ciertas de retornar a una democracia liberal, modelo que poco a poco se fue reivindicando. Así, en la década de 1980 pudo llegar la democracia. Vino, es verdad, sintetizada con todo lo anterior (ideas socialistas, desarrollistas, nacionalistas, revolucionarias). Pero eso más o menos lo habían hecho también los regímenes de bienestar europeo. Pasan diez años de hecatombe económica y para 1990, a tono con las tendencias mundiales, volvimos al liberalismo (ahora neoliberalismo). Fue un retorno estruendoso, triunfal, aunque fugaz en muchas cosas. En Europa el Estado de bienestar estaba en quiebra, las amplias clases medias que produjo más o menos dejaron de necesitarlo, el retorno a una economía de mercado prácticamente sin controles estatales destrabó, al menos en un inicio, el estancamiento y, al final de la década, como un regalo inesperado a estas reformas, se desplomó el socialismo real.

Por supuesto, dentro de este esquema destacan evoluciones muy singulares, como la revolución institucionalizada en México, Cuba o Venezuela, que participaron parcialmente en todo esto, pero de una manera particular; pero en líneas matrices tal fue el promedio. Para inicios del siglo XXI la democracia está extendida en casi todo el continente y el liberalismo económico y político, aunque matizado después de los descalabros de las reformas neoliberales de la década de 1990, es compartido por la mayor parte de las élites. En general, pocas veces se ha vivido con tanta libertad en Latinoamérica.

¿A qué, entonces, el artículo de Mejía Vergnaud? ¿Por qué se pregunta si «el liberalismo vale para todas las sociedades y en todas es aplicable», tal como se lee en el subtítulo de su artículo? En primer lugar, este orden de cosas está lejos de estar a salvo de ataques. Mejía Vergnaud es colombiano y tanto la confrontación con la guerrilla marxista en su país como la cada vez más complicada –por lo intensa, por lo dilemática– vecindad con la Venezuela de Hugo Chávez lo obligan a determinados retos ideológicos. Él intenta desmentir «a un cierto relativismo sutil», según el cual cada sociedad tendría que regirse por sus tradiciones históricas y que si estas son contrarias a las liberales las harían impracticables en su cultura. Reconoce que donde no existan raíces liberales su adopción podría ser más difícil –y para eso pone el ejemplo de España y Latinoamérica en los últimos doscientos años– mas no imposible. Y es eso lo que quiere subrayar: el liberalismo es posible para todos, a pesar de las circunstancias.

Hay, primero, en ese bisecular anhelo liberal, un problema histórico. Las razones del convencimiento de que el camino de las repúblicas hispanoamericanas debía ser el liberal viene de una dimensión antropológica: la condición del criollo ante el mundo y su visión eurocéntrica de la historia. Ser liberal, a principios del siglo XIX, era como ser cristiano una o dos centurias atrás; es decir, la manera de ser europeo: el criollo es, en esencia, un europeo –por valores, por cultura– en América y durante la Colonia fue quien dominó a los no europeos (indios, negros, mestizos) en nombre de la Madre Patria. Cuando las élites criollas deciden formar Estados republicanos independientes, lo hacen con los últimos criterios del pensamiento europeo de su hora.

A todo esto hay que sumar un problema ético: cuando se habla de condicionantes históricas no ocurre aquello de que «comprender es perdonar». Muy por el contrario, hablar de eurocentrismo o del pensamiento de una élite valdría para que algunos sectores descalificaran al liberalismo, como en una especie de falacia *ad hominen* (descalificar un argumento no por sus razones sino por quien lo dice), en este caso colectiva. Es muy fácil oponerse a una cierta idea de libertad, simplemente porque es «una libertad burguesa» que nada debe significar para el «pueblo»; es una libertad de las «élites blancas y opresoras» que no tiene por qué ser compartida con los «oprimidos».

Hay un caso emblemático en el que estos problemas del liberalismo criollo se manifiestan en todos sus tintes: el de la construcción de un capitalismo en Venezuela. Se trata un deseo que nace de la mano de la Emancipación y que no se ha abandonado durante doscientos años, indistintamente de que, por primera vez, desde el Estado se está planteando otra cosa con el «socialismo del siglo XXI». Aunque capitalismo no significa necesariamente libertad, y de hecho suele nacer y desarrollarse en muchos sitios sin su concurso, los promotores de las reformas liberales del siglo XIX sí lo concibieron así. Incluso se pensó que el uno se retroalimentaría con la otra, por lo que el desfase en el alcance de alguno de los dos aporta pistas sobre el éxito general del proyecto; especialmente cuando, en ciertos casos (las largas autocracias de Guzmán Blanco entre 1870 y 1888, y de Juan Vicente Gómez entre 1908 y 1935), la expansión del capitalismo fue de la mano, acá también, de una ausencia palmaria de libertades civiles y políticas. Incluso los gomecistas, quienes fueron los que más tinta y talento invirtieron en la justificación de una «tiranía liberal», partieron de la premisa de que tal situación era un accidente; a su entender necesario, inevitable, pero que con el tiempo y las medidas pertinentes habría de enmendarse al final. La libertad, pues, como valor, nunca se discutió en sí misma. Lo que se discutió mucho fue la capacidad de los venezolanos para ser libres.

Desde el primer momento Venezuela estuvo vinculada con la expansión capitalista del siglo XVI. Esto es una verdad de Perogrullo para quien tenga una idea de la naturaleza del proceso de conquista y dominación colonial en toda Hispanoamérica. Pero en este caso la relación fue más inmediata, más orgánica: fue uno de los primeros territorios en los que efectivamente se encontró riqueza. Ya a finales del siglo xv comerciantes y factores del «mundo mediterráneo» vinieron a estas costas para el rescate (ese estupendo negocio que consistía, para el europeo, en trocar baratijas por oro y piedras preciosas; y, para el indígena, en trocar adornos sin un valor especial por herramientas o artilugios novedosos como espejos, que en su mercado hacia el interior valían varias veces más que el oro), la pesca de perlas y, muy pronto, el secuestro y la trata de esclavos para las Antillas. Sin embargo, esta es una etapa de factorías en un territorio en esencia no conquistado y que, con el tiempo, se va distendiendo en la medida en que la relación con el mercado mundial, aún en formación, se va centralizando por el sistema de flotas y el comercio gaditano en el siglo xvii.

El primer intento de articular a Venezuela orgánicamente con el capitalismo fue la fundación de la Real Compañía de Caracas (Guipuzcoana para los caraqueños) en 1728. Fue un proyecto basado en las potencialidades del país y en la experiencia del sistema de compañías para explotar las colonias del Caribe, desarrollado un siglo antes por Holanda, Inglaterra y Francia. Pero no fue un proyecto para que Venezuela fuera capitalista, sino para que proveyera su valiosísimo cacao al conjunto del capitalismo, en especial el español, que se esperaba entonces fomentar. Naturalmente, con la progresiva apertura de los puertos, con la difusión de las ideas ilustradas, con el ejemplo de Estados Unidos, poco a poco comienza a formarse un ideario protoliberal en algunos sectores de la élite ilustrada, es decir, se empieza a pensar en los valores del capitalismo y en una nueva idea de libertad. El movimiento de Gual y España es un ejemplo claro de esto: su proyecto de 1797 establece, junto a otras medidas revolucionarias, la libertad económica, el libre comercio con el extranjero y la abolición de los impuestos más odiosos, aunque se prohíbe sacar oro y plata del país.

Descuéntese el lapso de la Emancipación, e incluso el período grancolombiano, en el que se dieron pasos contundentes hacia la articulación con el capitalismo y el desarrollo de un capitalismo propio (libre comercio con el extranjero, libertad de empresa, llegada de comerciantes foráneos), y váyase a 1830, cuando Venezuela se reasume como república. El proyecto («nacional» lo llama Carrera Damas; «liberal», por su contenido, lo llama Diego Bautista Urbaneja) era el de volver emprendedores a los venezolanos. Hacer de la república una república de triunfadores, de hombres prósperos. Con ellos, lo demás –por ejemplo las libertades civiles y políticas– estaría garantizado. Una libertad habría de llevar a la otra, era necesaria para la otra.

Las leyes que fomentaban la libertad de mercado y la abundante literatura moral e ideológica que se publicaba entonces tenían por objetivo penetrarlos con el «espíritu de empresa», como lo llamaban. Se creyó que, desatando las capacidades contenidas por el corsé colonial y las guerras de emancipación, saldrían ansiosos a fundar empresas, a roturar bosques, a establecer talleres, bazares, escuelas, laboratorios. No se esperaba ello de todos los venezolanos –pues las mayorías se dejan en estado de servidumbre y hasta de esclavitud, y la ciudadanía era censitaria–, pero sí al menos de sus clases educadas y enriquecidas. Algunos se hicieron ricos, es verdad. La economía creció durante diez años y las cuentas poco a poco fueron saneándose. Pero la crisis de los precios del café de 1840 aborta este primer impulso hacia la articulación con el capitalismo desde uno propio, agenciado por venezolanos, con muy poco avanzado en el camino.

Para 1870, el país goza nuevamente de un mínimo de estabilidad para intentar un segundo «gran salto» hacia el capitalismo. Eso sí, ahora nadie cree que solo las leyes y la educación moral podrán volver capitalistas a los venezolanos. En realidad, ya nadie cree demasiado en las posibilidades de los venezolanos; y aunque se habla de libertad (y ahora también de democracia), la «tesis del pueblo inepto» se generaliza en el liderazgo. Este es un «pueblo joven», que debe madurar bajo la conducción de una «gran personalidad» que eche adelante transformaciones económicas y culturales. Con el tiempo esa «gran personalidad» no haría falta. Tales son las ideas de Guzmán Blanco. Él, que si en algo creyó fue en sí mismo, desde el Estado y con el concurso de la inversión extranjera, por una parte, formaría una burguesía que fuera el núcleo, algún día, de un capitalismo nacional; y, por la otra, la ciencia, el ingenio y la iniciativa de los ingleses, franceses y alemanes se encargarían de llevar a Venezuela a la modernidad. Con los caminos –si de hierro, mejor– y las infraestructuras que hicieran, con la llegada de inmigrantes –se descartó a los chinos, pues tenían que ser europeos; al final vinieron algunos miles de canarios y de alemanes– las cosas tendrían que cambiar.

Diego Bautista Urbaneja califica a este proyecto, que se mantiene hasta 1935, de «positivista-liberal». La «gran personalidad», a partir de 1910, sería un «gendarme necesario»; y las compañías ferrocarrileras alemanas e inglesas se sustituyeron en el tablero por las compañías petroleras, también inglesas y progresivamente estadounidenses. Pero se mantuvo el mismo criterio: ellas serán –y, la verdad, así ocurrió– las que conectarán al país con el capitalismo. El jefe mantendría todo en paz y el pueblo «incapaz» poco a poco dejaría de serlo.

A partir de 1935 el proyecto positivista-liberal –en el poder hasta 1945, aunque con cambios significativos, al menos en las formas, con respecto a su versión inicial del gomecismo– se ve desafiado por un nuevo proyecto, el democrático, que adviene definitivamente al poder en 1958. No se abandona, en ninguno de los dos proyectos –y hubo incluso en esto, como en tantas otras cosas, más bien continuidad– la idea de llegar al capitalismo, ahora uno industrial, y a una sociedad abierta. Pero ya no serán la iniciativa ni el sortilegio de la inversión extranjera los que lo lograrán. Ahora lo hará el Estado, provisto de una cantidad de recursos que nunca antes había tenido. Es el capitalismo rentista: habrá capitalismo; de hecho, para la década de 1970 la sociedad y la economía están ¡por fin! plenamente articuladas con el capitalismo, pero por conducto de la renta petrolera, redistribuida por el Estado y por sus decisiones políticas de industrializar y fomentar un empresariado moderno, una clase media y un estilo de vida alineado con el estadounidense. Y todo eso, véase bien, viviendo en un régimen de libertades que se construye casi completamente en 1958.

El núcleo de la tesis del nuevo proyecto es que el pueblo no es incapaz, al menos no completamente, si se articula en partidos, se adhiere a una ideología y se deja guiar por una vanguardia progresista. Tal es la idea del pueblo que tiene, por ejemplo, Rómulo Betancourt. Nadie en el mundo se propuso entonces eso. Ni Taiwán, Corea del Sur, España o Brasil, por solo hablar de casos exitosos, se propusieron construir un capitalismo moderno, desde el subdesarrollo, y encima en libertad. A los países socialistas tampoco se les ocurrió hacer algo así, pero ellos no tuvieron éxito y después –como en los casos de China y Vietnam– simplemente se fueron al capitalismo. Venezuela, en cambio, sí se decidió por el experimento de desarrollar un Estado liberal. Todo indica que el petróleo fue solo parte de la explicación, porque normalmente conduce a lo contrario: a regímenes ultrapoderosos con respecto a la sociedad, muy poco amigos de la libertad. Venezuela se lo propuso por los valores de sus élites, que siempre aunaron, al menos en términos ideales, las nociones de capitalismo y libertad.

La crisis del modelo –que estalla hacia 1980, si bien no dejó al país tan a la intemperie como la de 1840 y la economía de mercado y la articulación con el capitalismo mundial son un hecho– sí pudo revertir mucho de lo avanzado hacia la meta de un capitalismo y un Estado democrático-liberal. Tanto es así que en 1998 gana abrumadoramente las elecciones la propuesta de demolerlos a los dos para, como se revelaría unos años después (porque eso no se dijo desde el principio), crear un socialismo cuyas definiciones últimas aún no están del todo claras. Después de dos siglos de haberlo intentado de tantos modos, de haber llegado a creer en la victoria tantas veces, el capitalismo (y con él, el resto de las reformas liberales) sigue siendo algo esquivo para Venezuela.

Tal vez sea precisamente por eso que un hombre como Mejía Vergnaud se pregunte qué pasó, se sienta en la obligación de dilucidar si el modelo liberal de veras es susceptible de aplicación en estos países. ¿Fue, de verdad, un espejismo? A lo mejor para el visor de 1890 lo haya sido, pero no para el de 2010. Cada «gran salto», con todo y sus yerros, los ha dejado más cerca de la meta. Así las cosas, ¿se terminará de imponer, a pesar de todo? Imposible saberlo, pero la insistencia de dos siglos y lo avanzado en cada caso pone el balance más bien en azul. ¿Vale la pena insistir en él? Ya esto no forma parte del problema histórico sino del ético-político: ¿vale la pena insistir en la construcción de una sociedad definida por los valores de la libertad? Cada quién responderá según su conciencia. No obstante, el solo planteamiento dice mucho de lo que hemos sido, de lo que hemos querido, en demasiadas ocasiones no podido, pero en no pocas también logrado ser, en los doscientos años que van desde el inicio de la Emancipación. Esa prolongada búsqueda de un capitalismo y todo su «sistema mundo» que han resultado esquivos, pero al que estos países no parecen dispuestos a renunciar, y que en el caso venezolano se asocia a una búsqueda integral, casi *trágica*, de la libertad; esa prolongada búsqueda, pues, es el signo, o al menos uno de los signos fundamentales de la historia de Hispanoamérica. Sí, ¿es nuestra historia de la libertad una historia trágica? A dos siglos de independencia vuelve a encenderse la lucha para vivir no solo en independencia sino, también, en libertad.

Debates IESA, vol. xv, n.º 2, abril-junio 2010, pp. 82-85

¿QUÉ ES LA DEMOCRACIA PARA LOS VENEZOLANOS?

Llevamos medio siglo rompiendo récords. Primero, estuvimos cuarenta años convocando regularmente elecciones, en paz y con resultados reconocidos por la práctica totalidad de los ciudadanos. Todo un récord para América Latina. Después, hicimos el prodigio de elegir un candidato antisistema en 1998, y de que el sistema aceptara con sosiego esta situación. A partir de entonces hemos tenido quince elecciones en poco más de una década (ahora el récord es mundial), con las que poco a poco fuimos demoliendo un régimen y levantando otro. Hasta donde sabemos, algo así no ha ocurrido en otra parte. Pareciera que si hay un lugar en el mundo donde la democracia goza de buena salud; si existe un país en el que el voto sirve para algo, es en Venezuela. Según el Latinobarómetro, somos el país de América Latina en el que la democracia tiene más apoyo: en 2010 el 84 % dijo preferirla a cualquier otra forma de gobierno.

Pero hay cosas que es bueno verlas dos veces. Nos acercamos a otro proceso electoral y hay dudas que como un tábano nos quitan la tranquilidad. ¿De verdad una democracia lo es porque haya muchas elecciones? ¿Es realmente una democracia lo que hemos construido desde 1998? Es más, ¿de qué hablamos los venezolanos cuando invocamos la democracia? Ensayemos algunas respuestas desde una perspectiva histórica.

DEMOCRACIA, ¿QUÉ ES ESO?

Veamos primero de qué hablábamos hasta la década de 1930. Tal vez nos sorprenda hoy, pero en los primeros cien años de nuestra república la democracia ya era una palabra usual en nuestro lenguaje político, más allá de que nuestros gobiernos fueran esencialmente dictatoriales.

Cuando Antonio Leocadio Guzmán dividió al país en «pueblo» y «oligarquía» en 1840, no trataba de canalizar los inmensos conflictos sociales y raciales que habían agitado los últimos cincuenta años con la propuesta de que un gobierno de las mayorías habría de responder a ellas. Descontemos lo que de demagogia pudo haber en su prédica: de cualquier modo respondió al gran anhelo de aquella sociedad que había sido de castas, el de la igualdad. Como prueba vemos que es la misma prédica de uno de sus adversarios políticos, insospechable de populismo, Fermín Toro, a ratos conservador y a ratos socialista: solo la igualdad podría ser la base de nuestra libertad. Ella siempre iría primero.

A partir de entonces, los liberales siempre alegaron luchar por la democracia. Incluso la fundieron (la confundieron) con la idea de federación; y llegaron a aprobar el voto universal para varones en 1864 (que matan diez años después con el voto público y firmado, y rematan con el complicado sistema de elección de 1881). Pero eso no los hizo sentir incongruentes. Democracia es igualitarismo; si se lograba por vías distintas al voto, no importaba. Juan Vicente González llamó a Boves «el primer jefe de la democracia venezolana»; Antonio Guzmán Blanco no dudaba en definir lo suyo como una democracia y Laureano Vallenilla Lanz se atrevió a decir que Juan Vicente Gómez era una especie de demócrata (claro, un césar democrático). Consideraban que el caudillo, al ser un líder entronizado –literalmente– por el pueblo, tal como lo fue Julio César, representaba una «democracia directa» en la que el pueblo le da todo el poder a un césar y este le retribuye beneficios.

Por eso Vallenilla Lanz se reía de nuestras «constituciones de papel», que hablaban de división de poderes y sufragios. Lo que llamaba nuestra «constitución efectiva» era el cesarismo democrático. Todo lo demás se había probado ineficaz. Y aunque él lo hacía desde la altura de la élite, con un claro menosprecio por el pueblo (son los días de las tesis positivistas sobre nuestra raza «inferior» para la que hace falta un «loquero»), hay indicios de que desde su ángulo el pueblo pensara más o menos igual. Los hay, incluso, de que aún quede algo de aquellas convicciones.

VOTAR, ¿PARA QUÉ?

Según el «Estudio de las valoraciones de la democracia en Venezuela», elaborado por el Centro Gumilla en 2011, el 64% de los venezolanos están del centro hacia la izquierda, en los segmentos que denominan «demócratas socialistas del siglo xxi» y «demócratas socialistas moderados». Ambos sostienen, como sus ancestros de 1840, que en una democracia el gobierno tiene como misión fundamental garantizar el bienestar del pueblo. Que para ello es recomendable que tenga mucho poder e intervenga en la economía (aunque los grados de ese poder e intervención varían en cada grupo: más del 60% de la muestra asocia la empresa privada con desarrollo y buenos empleos). De alguna manera esto ayuda a explicar por qué el hiperpresidencialismo (o neopresidencialismo) tenga en Venezuela a su principal modelo, más allá de que también se presenten como ejemplos a Álvaro Uribe, Cristina Kirchner, Rafael Correa, Daniel Ortega y Evo Morales.

Ciertos ideólogos de la «democracia sustantiva» se ríen de la «procedimental» (la liberal), en términos parecidos a como lo hacía Vallenilla Lanz. Aunque en su esencia se refiere a una ampliación de la participación ciudadana, para algunos, en la práctica, termina en una minusvaloración de la división de poderes y del resto de las «libertades burguesas». Que un líder, por encima de ellas, beneficie al pueblo, basta para alcanzar la «suprema felicidad». Además, numerosos estudios demuestran que en el régimen anterior el presidencialismo nunca dejó de ser importante (de ahí lo de «calderismo» o «betancurismo»). También señalan que el ejercicio del voto tenía para muchos venezolanos un carácter de transacción similar al de la democracia cesarista: el elegido debía «poner en la buena» a su elector. A cambio, podía hacer con el poder más o menos lo que quisiera. El petróleo, por último, ofreció unas oportunidades para el clientelismo que jamás hubieran soñado los caudillos decimonónicos. Cuando el sistema de partidos, que ponían unos marcos institucionales a esto, entra en crisis y al final quiebra, las instituciones que quedan en pie ocupan el espacio que deja vacío, como se verifica hoy con el Ejército o con el presidencialismo, vuelto neopresidencialismo por la falta de contrapesos.

Ante este panorama, entonces, la pregunta es por qué siempre hubo quien insistiera en las constituciones de papel. Por qué llegamos a hacerlas en gran medida realidad durante cuarenta años. Por qué hay tantos que hoy seguimos insistiendo en ellas.

¿RECORDAR O CONSTRUIR LA DEMOCRACIA?

Lo primero por resaltar es que no todos los venezolanos pensaron como Vallenilla Lanz y su «sociología pesimista», como la llamó Augusto Mijares. Los principios de la «constitución de papel» pervivieron conjuntamente con los cesarismos y cada cierto tiempo hubo quienes los quisieron rescatar. De hecho, tal cosa es la que se trazan inicialmente los muchachos de la Generación del 28. Incluso, las ideas socialistas fueron asumidas por muchos de ellos como el medio –que no el fin– para acabar con el cesarismo y construir una auténtica democracia. De eso trata el Plan de Barranquilla (1931) y buena parte del fundamento ideológico de Acción Democrática (AD). Con la democracia finalmente podremos ser libres y, con la libertad, construir un régimen de igualdad. No necesariamente la de los pensadores socialistas, sino la que los venezolanos soñábamos desde cien años atrás. Tal es el sentido y la amplitud de la obra de Rómulo Betancourt, el «padre de la democracia», al menos a la venezolana; y de AD, que por medio siglo dirigió el país.

El petróleo no solo fomentó el clientelismo. También fomentó el desarrollo, la formación de clases medias y de un empresariado más o menos moderno, el tan anhelado ascenso social, la masificación educativa, las grandes reformas sanitarias. Hasta que el modelo entra en crisis en la década de 1980, el petróleo fue un combustible para la democracia. Es algo que normalmente no ocurre, porque suele serlo más bien para regímenes autoritarios que usan los petrodólares para someter a la sociedad. Si hubo democracia, no fue por el petróleo: fue por nuestros valores, que nos hicieron utilizarlo para ello.

El mismo estudio de Gumilla señala que un 27 % de los venezolanos se inscribe en los valores demócrata-liberales. Lo interesante es que el otro 64 % comparte más cosas en común con ellos de lo que se pueda pensar.

Al hiperpresidencialismo no se le aceptan los niveles de discrecionalidad que se le permitieron a los «demócratas» Gómez y Guzmán Blanco; el voto sigue considerándose el mecanismo natural de elección y no solo un ritual; todos reclaman el apego a la constitución; todos se suscriben a la vieja tradición de la igualdad.

El historiador Germán Carrera Damas señala que esto es así porque tenemos, a diferencia de otros pueblos, una democracia que recordar. Tal vez. En todo caso, parecemos contar con las herramientas (¿la inteligencia social?) para construir una nueva y mucho mejor. Ese es el nuevo récord que tenemos la posibilidad de romper.

El Ucabista magazin, n.º 122, mayo/junio 2012, pp. 8-9

EN BÚSQUEDA DEL ESPÍRITU EMPRESARIAL

Lo que acababa de ocurrir dejó a todos sorprendidos. Esas cosas no pasaban. No, por lo menos, en Venezuela. Arriesgando su capital, entreviendo oportunidades en una ciudad que apenas empezaba a cambiar, pero sobre todo –y esto es lo que los tiene boquiabiertos– sin ayuda del Estado, dos emprendedores, Félix Rivas y Rafael Henrique, han montado un tranvía en Caracas.

Y no solo eso: el tranvía, impulsado por dos mulas (la gente lo llamará «el tranvía de caballitos»), funciona razonablemente bien y hasta está dando ganancias. No será así todo el tiempo y con los años aparecerán las quejas, hasta convertirlo en una especie de guinda folclórica, lenta, ineficiente y costosa para la ciudad. Pero eso será después. Estamos en 1882 y, como señala el ejemplar de *La Opinión Nacional* del 18 de febrero, en una nota significativamente titulada «Espíritu de empresa»: «... los excelentes resultados del tranvía establecido en Caracas, que exceden aún las esperanzas que habían concebido los progresistas sujetos que acometieron esta empresa con sus propios recursos, sin contar con los fondos de la Tesorería y confiados solo en la efectividad de la paz que hace práctica la Administración del Regenerador de la República...» son un indicio de que las cosas están marchando bien, muy bien. Como le corresponde a este periódico, órgano oficioso del Regenerador –otro de los tantos títulos con los que la lisonja nacional le rindió tributo a Antonio Guzmán Blanco: el Ilustre Americano, el Sol de Abril, el Pacificador, el Civilizador– sostiene que a las virtudes de su gobierno es a lo que se debía una empresa así, moderna, eficiente, rentable; pero más allá de eso, la nota también nos dice mucho de lo que ha sido, desde su fundación como república, hacer negocios en Venezuela, así como de la manera en que han estado en el centro de lo que el país quería ser. Por algo el tranvía de Caracas podía ser usado como prueba de la gran Regeneración nacional.

En efecto, los negocios son síntomas muy claros de lo que pasa en una sociedad; de sus patrones de comportamiento y consumo, de sus valores, de sus problemas, de sus esperanzas y temores. Y cuando la sociedad, como la venezolana desde que se separó de Colombia La Vieja en 1830, se ha propuesto ser capitalista, lo son en grado mayor. La alegría y la sorpresa con la que el periódico habla del tranvía, cuando ya ha pasado medio siglo desde la implementación de vastas reformas liberales encaminadas a meter al país en el sistema capitalista, nos dicen, por lo tanto, mucho del alcance de esas reformas y de lo lejos que estábamos de lo soñado: en primer lugar, que no es un hecho social la inversión privada; por lo menos no en cosas de envergadura. De otro modo no sería una noticia cubierta con igual despliegue y ponderada con semejante entusiasmo. Para ese momento solo funciona en el país un ferrocarril, entre Aroa y Tucacas, aunque los trabajos del de Caracas a La Guaira van a toda marcha; y algunas minas y empresas de navegación lacustre, fluvial y de cabotaje, susceptibles de ser consideradas negocios en un sentido que va más allá de la usura más básica y de la exportación-importación. De lo que despectivamente llamaban el «comercio canastillero» de los comerciantes «enfranelados». También se está formando un banco en Maracaibo y otro en Caracas, lo que históricamente no es poca cosa: es el paso de la burguesía mercantil a la financiera. Pero la diferencia fundamental entre todo aquello y el tranvía de Caracas (también pudiera decirse lo mismo de la «Petrolia» del Táchira) es que es una inversión netamente privada, hecha –al menos eso dice el periódico– sin el concurso de los fondos públicos y solo atendiendo a las oportunidades del mercado, no de las relaciones. Y además, hecha por dos venezolanos. Es decir, es un ejemplo de aquello por lo que soñamos desde 1830: un capitalismo auténtico y vernáculo.

O lo que es lo mismo: un capitalismo que no funcione como el que, en una escala muy reducida, teníamos en Venezuela; ese en el que lo normal era que los negocios pasaran siempre por el tamiz del jefe del gobierno, porque un Estado, lo que pudiera decirse un Estado, era demasiado rudimentario para ser llamado como tal. Guzmán Blanco, en este sentido, fue el primer gran artífice de los negocios en Venezuela. No es que antes no haya habido ricos negociantes o emprendedores de renombre; baste pensar en las reformas de libre mercado de la década de 1830 y en la intensa re-acción que generaron de la mano del Partido Liberal, que ya plantea, para 1840, la intervención estatal; o en la pésima fama que los agiotistas (los «logreros», como los llamaban despectivamente) llegaron a tener, en una sociedad donde el valor de la igualdad y los valores cristianos en contra de la usura tenían más peso que los de la libertad y el éxito económico, como leemos en textos fundamentales en la historia de nuestras ideas, redactados por hombres como Fermín Toro, quien en 1845 ya plantea tesis socialistas. Estos logreros, primeros retoños de nuestras reformas capitalistas y malva-dos por excelencia de nuestra historia, algo nos dicen de un empresariado en ciernes. El punto es que Guzmán, para el desarrollo de su programa de transformaciones, con las que esperaba impulsar a Venezuela hacia el *pro-greso*, entendió, como no se entendía desde la década del 30, la necesidad del concurso de capitales, que de forma angustiante escaseaban en el país.

Sabía del oro en Guayana, de los diamantes, del asfalto, de las salinas, de la sarrapia, del guano que hay en la isla Aves; sabía que en Venezuela, por herencia española, la mayor parte de esos recursos son propiedad del Estado, lo que le da algunas ventajas; sabía que pocas cosas movilizaban más capitales en el mundo de entonces que los ferrocarriles, y que pocas, por lo mismo, dinamizaban igual a la sociedad y a los espacios; pero tam-bién sabía que una república llena de sobresaltos, en la que las guerras se sucedían con más exactitud que nuestras estaciones de «verano» e «invier-no», con saqueos, bandidaje y gobiernos inestables; con los fondos públicos deshechos y con escasas seguridades sobre la propiedad, difícilmente esos capitales llegarían. Así diseña una nueva estrategia: él garantiza la paz, como en términos generales lo hizo durante dos décadas, y ofrece los recursos en concesiones, es decir, los vuelve oportunidades de negocios a quienes estén dispuestos a explotarlos. ¿Qué garantía ofrece? La mejor: él mismo. Por algo es el «Centro y Jefe de la Revolución», como lo llaman. En grada-ciones distintas se hace socio de cada uno de los inversionistas que llegan, logrando la cuadratura que anda buscando: fondos para dinamizar al país y fondos para él, también, hacerse inmensamente rico. José María Rojas, su amigo desde la escuela, es el encargado de administrarle los pesos y su bisagra con las casas comerciales; la Compañía de Crédito de Caracas, futuro Banco de Venezuela, es un negocio suyo y de los comerciantes de la capital, donde tiene como mago de las finanzas a su concuñado Manuel Antonio Matos; William Pile, un exgeneral de la Unión, amigo de Ulysses Grant y embajador en Venezuela, es su contacto con los EE. UU. y el cerebro y los fondos detrás del ferrocarril y los vapores del Orinoco.

Con este sistema inaugura una lógica que se mantendrá en el siguiente siglo: es el Estado quien propone y aúpa los negocios; son las relaciones con el poder las que los favorecen. La relación de Juan Vicente Gómez con las petroleras no es esencialmente distinta a la que Guzmán establece con los inversionistas de entonces; se hacen bajo el mismo andamiaje legal y, sobre todo, con un perfecto desconocimiento (incluso en las mismas petroleras) de la dimensión de lo que se traían entre manos. El Estado hereda el espacio de los viejos caudillos como el de fomentador de actividades, en las que sigue entrando como socio. No pocos funcionarios, igualmente, mantendrán los beneficios que el trato privilegiado con ellos les permitía a los inversionistas. El Estado –o sus antecesores caudillescos– será, entonces, mágico desde el principio: prácticamente sin el concurso de la sociedad, sino por sus sortilegios negociando acá, pactando allá, prometiendo lo imposible a veces, con Guzmán aparecen ferrocarriles, vapores, puentes. La sociedad por algo cae rendida a sus pies. El sistema que funda permanecerá: con el petróleo, ya ni los sortilegios y volteretas del Ilustre harían falta. Ahora hay dinero a montones. El petróleo no nos cambió: reforzó aquello que éramos o que queríamos ser.

Pero lo del tranvía fue distinto. Poco a poco aparecen emprendedores. Vidas como las de Rivas y Henrique, quienes, al parecer, se propusieron hacer negocios de otra forma, nos llaman la atención, hoy tanto como entonces. No son los únicos, aunque no son tantos como se esperaba. Cuando en la década de 1830 José Antonio Páez convoca a las mejores cabezas de Venezuela para crear la Sociedad Económica de Amigos del País, institución típica del reformismo borbónico que llega con cincuenta o más años de atraso (¡y que llega de la mano de la república!) para que diseñaran el destino de la nación recién nacida, el entusiasmo cundió: con levantar las restricciones coloniales y fomentar el libre mercado (he allí la famosa Ley de Libertad de Contratos de 1834), creen, las iniciativas personales generarían prosperidad. Ahora hay seguridades plenas para la propiedad, se derribaron las cortapisas para los intereses, se decretó la libertad de industria, se podía comerciar con el país que se quisiera, con el que pagara mejor el café o el cacao... ¿No fue para eso, se preguntaban, que se peleó y ganó la guerra de Independencia?

Pues parece que no. Abatidos, ya a mediados de la década se preguntaban hombres como José María Vargas o Domingo Briceño y Briceño por qué los venezolanos carecíamos de lo que invariablemente llamaban «espíritu empresarial»; por qué la gente no se arriesga; por qué prefieren, como en el Antiguo Régimen, un cargo, una sinecura, o se conforman con recoger una cosecha que, mejor cuidada, hubiera sido infinitamente más productiva, para después ir donde el *musiú* y gastársela en un vestido, en vinos franceses, en un piano. Todavía en 1877 Miguel Tejera, en su por demás muy optimista *Venezuela pintoresca e ilustrada*, se lamentaba de la falta de sentido de ahorro de sus compatriotas. La falta de «espíritu empresarial», concluyeron, se debía a la tradición española, al catolicismo, a factores culturales. De allí la necesidad –porque en una república liberal, como la que pensaban, es la iniciativa privada la que impulsa los cambios– de traer inmigrantes: véase como esos que llegaban se hacían ricos o al menos bastante prósperos a la vuelta de unos años. O sea, el problema no estaba en las condiciones del país. Por algo en 1870, en su *Autobiografía*, un José Antonio Páez en el declive de su existencia y en su frío exilio neoyorkino vuelve sobre el tema: inmigrantes, eso es lo que hace falta. Ellos han sido la fuerza que ha llevado a los Estados Unidos adonde están. «Ellos forman, dice, la ilustre ascendencia de los *self-made men*...». Es decir, de los tipos de hombres que estamos buscando desde 1830.

De allí la importancia de Rivas y Henrique. Incluso de la del mismo Guzmán y los hombres de negocios que empiezan a rodearlo: en una generación más, ya habrá en Venezuela, bien que bajo el manto estatal y petrolero, unos cuantos *self-made men*. Unos cuantos emprendedores cuya importancia para la vida nacional es un tema de impostergable estudio por nuestra historia... y sobre todo para quienes quieren seguir su senda, haciendo emprendimientos que nos sorprendan como nos sorprendió el tranvía de 1882.

Debates IESA, vol. XII, n.º 2, abril-junio 2008, pp. 88-90

HISTORIA DE UN EMPRENDEDOR CRIOLLO

En el otoño de 1863 una niña prodigio se presenta en la Casa Blanca. Estaba por cumplir los diez años y llevaba unos cuantos haciendo conciertos. Era ya toda una celebridad. El entusiasmo con el que sus manos tocaban las teclas, la donosura con la que poco a poco iba narrando una «ópera» de su invención, el halo que la envolvía por venir de un país lejano y casi desconocido, todo conspiraba para que los empresarios del espectáculo –y los profesores de música– se la disputaran entre Boston, Nueva York, Filadelfia y La Habana, lugares en los que se había dejado oír.

Lo que ocurrió aquel día es una anécdota que se ha contado varias veces. A punto de comenzar el concierto, ya con el presidente Lincoln, su esposa y otros representantes del gobierno aprestados a oírlo, la niña hace otra de las suyas –porque esos niños prodigio que producen fortunas siempre han sido así– se para del taburete y se niega a tocar con un piano tan desafinado como el que le han dado. Momento de suspenso. Pero Lincoln es un hombre que se las sabe. Con la simpatía de quien ha ganado campañas presidenciales y sabido mantener una altísima popularidad en medio de una guerra civil que ya ha quemado medio millón de vidas, ataja la situación: «Teresita, ¿conoces mi canción favorita: 'Listen to the Mocking Bird'?», le pregunta. La niña asiente y la toca. Después se deja llevar por la música. Al presidente le llegaron a salir lágrimas de la emoción...

Naturalmente, esta «Teresita» es la famosa Teresa Carreño (1853-1917), quien entonces iniciaba, como niña prodigio, su fulgurante carrera. Tras de ella, hay otro personaje. Uno que casi se muere del susto ante la salida de la niña y que, con los años, se moriría de tristeza por sus desavenencias con ella. Es su *manager* y su papá. Lo ha dejado todo por la promesa que está en las talentosísimas manos de su hija; y su fortuna y su tiempo los invierte ahora en desbrozarle el camino que la llevaría a la celebridad internacional y a ser, con los años, un ejemplo de la «nueva mujer» que entonces comienza a perfilarse: autónoma, capaz de producir suficiente dinero como para mantener (y mantener bien) a su familia y como para escandalizar a la prensa del corazón con sorprendentes piruetas sentimentales, cambiando de amores sin importarle demasiado el «qué dirán». Ese hombre, que es el motivo de las presentes líneas, también es, probablemente, el primer gran caso que tenemos de un emprendedor criollo; o, por lo menos, el primero capaz de producir dos gigantescos éxitos comerciales de alcance internacional y de perdurabilidad –más de ciento cincuenta años– a través del tiempo. Se trata de Manuel Antonio Carreño (1813-1874).

Si a inicios del siglo XXI –cuando el mundo está interconectado, nada queda demasiado lejos y los estudios de negocios son ya un hecho social en Venezuela– generar emprendedores es un reto, qué decir de la Caracas de 1850, cuando Carreño está en los albores de su notoriedad. Basta un repaso por los textos de los pensadores que han fundado la república veinte años antes para encontrar, una y otra vez, el lamento por la falta de «espíritu empresarial» –así lo llaman– de los venezolanos; por una especie de inmovilismo que les impide organizarse para abrir caminos, para emprender negocios, para organizar teatros, colegios o bibliotecas. Son aquellos hombres de la década de 1830 liberales convencidos que tienen a los Estados Unidos –«nuestros hermanos del Norte», dicen– como ejemplo de hasta dónde puede llegar una república definida por el mercado, la libre iniciativa y la creatividad... ¿Por qué, se lamentan, preferimos cargos y prebendas gubernamentales? ¿Por qué no somos capaces de desentrañarle a nuestra tierra la riqueza que otros sí le sacan? Es un lamento que arranca en la Sociedad Económica de Amigos del País –fundada en 1829 y donde se reúnen a estudiar los problemas y a proponer soluciones las mejores cabezas– y es uno que, con sus variantes, se mantiene hasta hoy.

Muchas han sido las causas aducidas, desde la espeluznante –así la ven– herencia española –en rigor, los españoles entonces se quejaban de lo mismo– hasta, en la siguiente generación, las taras que creyeron encontrar en nuestra raza y en nuestro clima. Setenta u ochenta años después, el petróleo que, en esto, como en prácticamente todo, no cambió a los venezolanos sino que nos dio la oportunidad de realizar nuestros sueños (por ejemplo ese de vivir del Estado) resultará más formidable que «el mal de España», el catolicismo con sus culpas ante la riqueza, la negritud y la tropicalidad juntos: se convertirá en la renovada causa de seculares males. E incluso en algo peor, porque con todo y las lamentaciones de un Santos Michelena o de un Domingo Briceño y Briceño, aquella sociedad tenía un nivel de organización particular y civil muchísimo más amplio de lo que imaginamos hoy. Era una república en la que lo fundamental –desde un muelle hasta el teatro; desde una trocha hasta las fiestas patronales– se hacía por eso que entonces llamaban (y ahora volvemos a llamar) sociedad civil (pero como era una sociedad civil tan pobre a nadie le dolió demasiado que el Estado petrolero hiciera más y, muchas veces, lo hiciera mejor).

Pues bien, Manuel Antonio Carreño es de los que sí quieren ser emprendedores. Está justo en la capa de la sociedad que más interesada ha estado, desde finales del siglo XVIII, en serlo: esos pardos y blancos de orilla que en los últimos años de la Colonia empiezan a enriquecerse y que ven con muy malos ojos las estructuras estamentales y los prejuicios de casta de las élites criollas. Son los que ven en la unión con España un contrapeso a su excluyente aristocracia local y los que, en consecuencia, se espantan por la república mantuana de 1811. En fin, son los hombres de Monteverde y de Boves. Claro, hay excepciones. El padre de Manuel Antonio, el célebre músico Cayetano Carreño (1774-1836), expósito y hermano –habría que ver si solo de crianza o de sangre– de Simón Rodríguez, con quien compartió alojamiento hasta cuando los dos ya andaban casados y cargados de hijos, y quien se encargó de su esposa cuando la revolución ayudó a Rodríguez a zafarse de un matrimonio molesto; Cayetano, pues, fue como Robinson, y como su vecino del mismo callejón de Las Mercedes, Andrés Bello, patriota. Pero los tres adquieren otra dimensión cuando se los ubica en ese arrabal caraqueño donde viven isleños y pardos más o menos enriquecidos, músicos, artesanos, tinterillos de la Audiencia, maestrescuelas, pulperos que con un grandísimo esfuerzo pueden mandar a su hijo más inteligente a la universidad y buscarle un marido más o menos promisor a su hija más bonita, porque hay que ver lo que cuesta pagar un grado o reunir una dote decorosa.

Ellos, en cuanto clase, forman parte del conglomerado que se opone a la república hasta que la república les ofrece lo que están buscando: una posibilidad para ascender. En los siguientes años serán uno de los motores políticos fundamentales de Venezuela. Son ese *pueblo* que a partir de 1840 se va con el Partido Liberal prometiéndole odio a la *oligarquía* –que así la llaman– y que desde 1870 en adelante se las arregla para ocupar el poder con Guzmán Blanco. No son la mayoría, que está formada por campesinos; pero son la correa de transmisión entre el poder y ella, los mecanismos para controlarla y hasta enamorarla. En fin, constituyen su promesa más firme, porque muchos son hijos o nietos de campesinos que gracias a las guerras se hicieron generales o coroneles y pudieron escalar las jerarquías de aquella sociedad. Al siglo, el petróleo, otra vez, terminó de abrirles las puertas, permitiendo que lo que era restringido –en cuanto a los hechos, no a los sueños– se hiciera bastante más general.

En fin, Carreño, que no es liberal sino conservador –porque esas cosas también pasan: de hecho es uno de los hombres de la Sociedad Económica de Amigos del País– va, casi sin sospecharlo, a darle a este conglomerado una de sus armas más formidables; una que logró resumir tan bien sus aspiraciones que no solo se ha mantenido vendiéndose desde entonces, sino que se copió en el resto de un continente. Se trata de uno de esos libros que responden al tipo de literatura más íntimamente ligada al nuevo tipo de hombre que es el emprendedor capitalista y que por eso siempre se vende bien: la autoayuda (aunque el suyo antecede en lustros al primero titulado así, *Self-help*, de Samuel Smile).

En efecto, Carreño, quien pese a haber heredado la dotes musicales de su padre siempre se dedicó a los negocios, llegando a tener fama de ser un verdadero mago de las finanzas, negociando papeles y elaborando estrategias con las que salvó más de una casa comercial (y no pocas veces al gobierno, que periódicamente lo llamaba para apagar incendios), en 1841 se decide por una actividad que acaso pueda sorprender: monta un colegio. La élite caraqueña necesita de estos establecimientos, se queja de que, salvo el colegio Independencia, de Feliciano Montenegro y Colón, no los hay con la calidad suficiente; y entonces nuestro personaje ve la oportunidad, monta con Francisco Javier Yanes hijo el Colegio Roscio, lo promueve, lo hace exitoso y, la verdad, pronto vende su parte (suponemos que la vendió) y se va a un cargo público. Lo notable es que ese colegio ofrecía, como era obligatorio entonces, clases de urbanidad. Es una herencia del currículo impuesto por los liberales españoles en 1820 que pervivió en la república. Se trataba de esas normas de etiqueta que le permitirían a cualquiera que las tuviera brillar en sociedad. Esas herramientas que necesita el burgués en su ascenso y que está dispuesto a arrebatarle, como le ha arrebatado todo lo demás, a la aristocracia.

Es decir, justo lo que andaban buscando ese montón de pardos y blancos de orilla que tienen algunos pesos en las alforjas y anhelan ocupar el espacio que el mantuanaje quebrado no quiere dejar. La urbanidad informa cómo hablar, cómo caminar, cómo vestirse, cómo gesticular, cómo dirigirse en el teatro, en la iglesia, en la plaza. Cómo, al menos, *aparentar* ser un triunfador. Feliciano Montenegro ha publicado en ese año un manual al respecto, las *Lecciones de buena crianza, moral y mundo*, que obtienen gran éxito. Y Carreño ve otra oportunidad. Asume las clases de urbanidad en su colegio y empieza a organizarlas, a redactarlas. Frente a Montenegro es más flexible; las relaciona mejor con los principios cívicos y religiosos que la república requiere; hace, de hecho, una cartilla de republicanismo. Pero no la publica enseguida. Pasan los años, deja madurar las cosas, incursiona en un par de emprendimientos más, que no siempre le salen tan bien, y en 1854 aparece en Caracas y Nueva York (porque Carreño entiende que editando en Nueva York las oportunidades son mayores) su famosísimo *Manual de urbanidad y buenas maneras*. Aquello es una explosión. Una reacción en cadena: en los siguientes años lo reeditan en todos los países de Hispanoamérica y en los EE. UU. Es, acaso, lo que hoy alguien llamaría la primera «marca global» venezolana. Desde 1855 el Estado venezolano lo impone como texto obligatorio en las escuelas. Pero hasta en Cuba, que sigue de colonia española, se lo adopta. La combinación de entender bien las necesidades de un continente (explicar, de forma rápida y sencilla, cómo ser republicano y moderno), junto al tino de lanzarlo desde los Estados Unidos, aunado a la calidad intrínseca del manual, hicieron de Carreño un autor clásico y, largamente, el venezolano más editado de la historia, por encima, con diferencia, de Andrés Bello y Conny Méndez.

Pero aún la vida le tenía un reto más. Su tercera hija, nacida en 1853, Teresa, ha resultado una maravilla en el piano. Una maravilla incluso en una familia como la suya, de buenos músicos. Asombrados los familiares, pasa a asombrar a una Caracas donde, qué decir los niños prodigio, los virtuosos de cualquier índole son extraños. Además, las cosas en el país no van bien. Tienen tiempo que no lo van. Ha estallado la Guerra Federal. La república se desmorona a pedazos, se empantana en su sangre. Carreño, naturalmente, está con Páez, pero el futuro es incierto y la niña está resultando verdaderamente buena (ha sorprendido al Centauro componiéndole una polka). La oportunidad de nuevo se pinta en el horizonte: en Venezuela el destino de Teresita, como el de todos, es un acertijo lleno de presagios oscuros; en Nueva York no hay dudas de que al menos encontrará un buen conservatorio para estudiar. Entonces hace la gran apuesta. Será ahora su empresario musical.

Por eso hoy, cuando la niña deslumbra en la Casa Blanca y cuando la agenda de conciertos está llena, siente que ha hecho otra apuesta correcta. Los liberales finalmente ganaron la guerra y ahora más que nunca su estadía en Venezuela resultaría incómoda. Vendrán las capitales europeas, el éxito... ¡París! Pasan más años y la niña se hace mujer y se convierte en una promesa cumplida. Es, claro, arisca, la fama se le ha subido un poco a la cabeza. Más que regularmente bonita a sus quince años, ganando dinero, famosa, el padre no puede hacer de ella el modelo que su *Manual* impone. Pronto siente Teresa que el papá le estorba y lo desobedece yéndose detrás de un amor que –Carreño no se equivoca– resultó un desastre, como casi todos los que tendrá. Se marcha y lo deja solo en París. Está ya algo viejo, pero, talentoso, emprendedor y con algunos buenos francos en los bancos, logra reinventarse una vez más: ahora se hace famoso como profesor de piano. La gente lo requiere para que devele los secretos que llevaron a su hija hasta donde está. Muchos pensarán que el secreto era ninguno, sino pura genialidad.... Hay de eso, hasta que apareció en los archivos de un College de Nueva York su curso para piano, que dejó inédito y que por la vía de algún anticuario llegó hasta allí. Es de una innovación total. Es el testamento de un hombre que hasta el final de su vida supo ver oportunidades y aprovecharlas con creatividad.

Teresita termina el concierto. El presidente y todos aplauden a rabiar. Manuel Antonio suspira aliviado. Ha salido todo bien. Ha sido otro episodio en el que nuestro primer gran emprendedor criollo supo triunfar.

(Este artículo no hubiera podido escribirse sin el concurso de la estupenda biografía titulada *Manuel Antonio Carreño*, vol. 12 de la Biblioteca Biográfica de *El Nacional*, 2005, escrita por Mirla Alcibíades, verdadera redescubridora del personaje, y que aporta datos esenciales sobre su vida).

Debates IESA, vol. XIII, n.º 1, enero-marzo 2008, pp. 87-90

INNOVADORES: UNA HISTORIA POR HACER

El nombre de una empresa suele indicar la actividad económica que desempeña, sobre todo si es estatal. Por eso, si remite a acciones bélicas –como la fábrica de tubos Batalla de El Juncal o la refinería Batalla de Santa Inés– o a una heroína –como la planta termoeléctrica de Tacoa rebautizada Josefa Joaquina Sánchez, más que heroína en realidad la esposa de un héroe, José María España, fundamentalmente recordada como «la bordadora de la primera bandera de Venezuela»– hay motivos para pensar que sus objetivos (¿su razón social?) se enmarcan en algo que va más allá de la simple y tediosa tarea de hacer tubos, refinar petróleo o generar electricidad. Como esperamos demostrar, estamos ante los casos en los que una determinada filosofía de la historia interviene directamente en los procesos gerenciales y de administración.

Nos explicamos: si bien los tres nombres son inspiradores y sin duda remiten a ejecutorias dignas de recordación, estas, obviamente, no están en el ámbito de hacer tubos, refinar petróleo o electrificar un país. En todo caso remiten al esfuerzo más amplio (en efecto: *heroico*) de cambiar toda una sociedad. Y no desde lo que una empresa buenamente puede hacer al respecto, sino desde una revolución. Veamos: que la cultura empresarial sea capaz de cambiar a un colectivo ya se ha demostrado (por poner un ejemplo cercano, veamos a las compañías petroleras en Venezuela). Que sus operaciones y organización de una empresa puedan servir de ensayo para superar el capitalismo, también: ¿no fue lo que intentó con razonable éxito Robert Owen? Ahora, que quienes dirijan tal empeño no encuentren una sola inspiración atendible después de la Guerra Federal ya es otra cosa. Por ejemplo, una cierta idea de la historia (la Historia patria, en sentido decimonónico), por la cual después de la Independencia, salvo el fogonazo de la Guerra Federal, no hay nada digno de auténtica mención.

Según este discurso, la larga y oprobiosa cuarta república, desde 1830 hasta 1998, de la cual solo venimos a salir ahora, fue la antítesis de la grandeza a la que nos tenían destinados los Libertadores. Por supuesto, ello no explica bien que las empresas rebautizadas –salvo la Refinería Batalla de Santa Inés, que al cabo no termina de arrancar– hayan sido hechas precisamente durante ese período, o que la legislación de base e incluso los grandes organismos estatales que las administran también lo fueran (PDVSA o La Electricidad de Caracas). Del mismo modo, hablan de toda una cierta idea de revolución, según la cual solo los cambios radicales, y de aliento más o menos socialista, son revolucionarios. Por eso desde la Batalla de Santa Inés no ha habido en Venezuela químicos, ingenieros metalúrgicos, gerentes públicos o privados, dirigentes obreros, u obreros comunes sin otra figuración que la de haber sido «héroes del trabajo», incluso en el sentido soviético, para nombrar a estas plantas.

Porque el punto es que naturalmente los hubo. El problema, repetimos, es la filosofía de la historia con la que se les evalúa. Basta con un rápido arqueo, como el que hemos hecho, para encontrar unos cuantos. Y todo indica que, en cuanto se hagan investigaciones sistemáticas de historia empresarial, aparecerán muchos más. El problema es que muy pocos –en realidad ninguno de los encontrados, pero es posible que los haya, por ejemplo, en el mundo del cooperativismo y del mutualismo– evocan valores como los que puede evocar la famosa fábrica Octubre Rojo, de Stalingrado (por cierto, fundada también por el capitalismo antes de la revolución). Muchos fueron empleados de compañías extranjeras a las que, redondamente, podría calificarse de imperialistas. Otros fueron «expatriados» –en el sentido insólito que le dan las transnacionales a la palabra– de esos países imperialistas; y otros representan ejemplos alentadores (porque no siempre lo son tanto) de la iniciativa privada nacional. Muy pocos se plantearon cambiar la sociedad, por mucho que a veces lo hicieran. Sus valores no fueron los de la revolución, sino los muy desabridos de la ética burguesa, aun asumiendo el sentido no peyorativo del término: el trabajo, la inversión y el ahorro (aunque seguramente los ha habido revolucionarios y a la vez emprendedores). Quizá por eso resulte mejor borrarlos y conectar la industria actual con las cargas de caballería de hace dos siglos; hacerlas herederas de aquellas batallas, y no de quienes las planificaron, diseñaron, construyeron y que, con toda seguridad, sabían más de petróleo y de hierro que los generales Zamora y Piar.

Sus casos podrían dar como resultado en una historia del capitalismo que Venezuela luchó por construir desde que se hizo república independiente; y no precisamente para resaltar sus contradicciones, injusticias y fracasos, que los tuvo, y muchos, sino para hablar de algunos de sus éxitos más notorios. Por mucho que se intente el camino de solo abordar las disciplinas en sí –por ejemplo, geología, petroquímica, metalurgia– y sus aspectos técnicos, de todos modos resulta difícil desligarlos de los aspectos financieros y gerenciales que las hicieron posibles. Ni siquiera la presencia del Estado (como socio, financista, muchas veces ejecutor de proyectos, y no pocas como salvador de inversionistas fallidos o deshonestos) o la del trabajo obrero (que está por estudiarse: también nos hace falta una historia sistemática de la clase obrera) y las luchas sindicales (que en ocasiones fueron verdaderas épicas ante compañías algo más que explotadoras) ofrece matices radicalmente alternativos al proceso. De cualquier forma, si nos sustraemos de las gríngolas ideológicas –de la naturaleza que sean, no solo las de una determinada versión del socialismo– son historias que urge investigar (afortunadamente ya hay algunos trabajos al respecto) para tener una idea más clara de lo que somos capaces; de nuestros logros, fracasos y potencialidades, más allá de las de ganar batallas en la sabana.

INNOVADORES CRIOLLOS

Por lo tanto nos proponemos un ejercicio de historia de la innovación tecnoindustrial en Venezuela. Hemos buscado diez casos (¿diez posibles epónimos?) en los que venezolanos (o extranjeros en Venezuela) hicieron alguna innovación y fueron capaces de comercializarla con éxito, o bien sentaron las bases para que esto fuera posible con su trabajo en investigación y docencia. Es una incursión preliminar que se da por satisfactoria si detona otras inquietudes; no solo se aceptan, se imploran sugerencias. El autor se declara lego en el área industrial y gerencial; y fundamentalmente, lo mueve el deseo de encontrar un nuevo filón para entender la historia de su país (y acaso proponer una alternativa: otros epónimos posibles). Lamenta no haber dado, inicialmente, con nombres de obreros que seguramente fueron esenciales, con su pericia, fuerza e imaginación, para el éxito de estas iniciativas; y propone su búsqueda (como algunos ya están haciendo con historias de vida de petroleros), porque la historia (incluyendo la de las empresas), siempre debe ser la de todos,

Un par de advertencias más: de la lista se excluyen casos en los que se *trajo* al país una tecnología, por mucho que hayan sido iniciativas privadas (y después también estatales) que nos cambiaron la vida, tales como las de Petrolia del Táchira en 1878; o la de Manuel Trujillo Durán, quien introdujo el cine tan temprano como en 1897; la primera emisora de radio en 1926; la de la Mene Grande Oil Company, que compró los equipos IBM en 1938; la primera planta de tarjetas perforadas también de IBM, establecida en Caracas en 1941; la de Miguel Sapkoski, con la primera cámara televisiva en 1946 o lo que representó para la sociedad venezolana la labor difusora de Edgar J. Anzola de los equipos radioeléctricos, discográficos y fotográficos. La idea es que sean inventos o descubrimientos venezolanos, al menos en buena medida. No obstante lo cual, el más venezolano de los inventos y el más criollo de los inventores –la orimulsión y Juan Félix Sánchez– no aparecen. En el caso de la orimulsión, el hecho de que el gobierno haya suspendido su producción, poniendo en duda su viabilidad económica y ecológica, así como los debates que se generaron, recomiendan prudencia al respecto. Con o sin razón, el hecho de que se haya dejado de producir le impide pasar la prueba del éxito en su comercialización. En el caso de Juan Félix Sánchez, su fama es tal que resulta preferible dar paso a personajes menos trajinados. También fueron excluidos los románticos inventores criollos que durante el siglo XIX patentaron los productos de su ingenio, sin mayores consecuencias comerciales e industriales, ya estudiados por José Luis Bifano en su clásico *Inventos, inventores e invenciones del siglo XIX venezolano* (Fundación Polar, 2001). Veamos entonces los que escogimos.

EL MÉDICO AFORTUNADO

El primer caso es el más exitoso y, visto desde la perspectiva actual, también el más inquietante. Su descomunal éxito, combinado con un entorno político inestable y violento, hizo que la marca finalmente se marchara del país. Se trata del Amargo de Angostura, inventado en 1824 por el médico alemán Johann Gottlieb Benjamin Siegert (1796-1870) en la ciudad que le dio el nombre. Tuvo el prodigio de convertirse en una marca que hoy se llamaría global ya en la década de 1860. Siegert llegó contratado como cirujano del Ejército Libertador. Después de la guerra, se estableció y se casó en la ciudad guayanesa (capital de la Gran Colombia para cuando arribó), al tiempo que ejercía su profesión. Buscando una medicina para los problemas gástricos, sobre todo para los mareos de quienes desembarcaban en el puerto, combinó varios de los productos botánicos que por ahí se exportaban, en especial la sarrapia, hasta crear el producto. Para su inmensa fortuna, rápidamente se le dio un uso distinto al medicinal, para preparar bebidas y comidas. En 1830 empezó a exportarlo a Inglaterra. Según se cuenta, en 1862, en una exhibición en Londres mezcló unas gotas del amargo con ginebra. Aquello fue una sensación y las ventas se dispararon. Aunque Siegert murió en Ciudad Bolívar (nombre que asume la ciudad en 1846), en 1875 sus descendientes mudan la firma –J. B. Siegert & Sons– a Trinidad, donde aún se elabora el producto. Angostura es, probablemente, la única localidad venezolana cuyo nombre resuena todos los días en todo el mundo.

LOS *BEST SELLERS* CONTINENTALES

En 1854 aparece en dos ediciones, en Caracas y Nueva York, el más famoso y vendido de los libros que venezolano alguno haya escrito: el *Manual de urbanidad y buenas maneras para uso de la juventud de ambos sexos* de Manuel Antonio Carreño (1813-1874). Aunque no es una innovación tecnológica o un producto industrial, responde a la doble condición de «invento» venezolano y de gran éxito en su comercialización. Más cercano a los criterios propuestos y, como el amargo angostureño, también asociado a la herbolaria nacional, es el segundo libro más vendido de un autor venezolano, luego de *Colección de medicamentos indígenas* de Gerónimo Pompa, publicado en Caracas en 1868. Jamás se imaginó la resonancia que tendría el libro. Para 1997 ya tenía cincuenta ediciones en distintos países de Latinoamérica.

EL CASO CLÁSICO

De Ricardo Zuloaga (1867-1932) es mucho lo que se ha escrito. La fundación de la Compañía Anónima Electricidad de Caracas y el establecimiento de la planta hidroeléctrica de El Encantado, Petare, en 1897, así como el buen nombre que logró por su honorabilidad y filantropía, lo han convertido en el modelo por antonomasia de emprendedor en Venezuela. No obstante, su inclusión en la presente lista podría generar discusión, ya que el invento no es suyo. Se le ha incluido por dos razones: era una tecnología aún en fase relativamente experimental (la primera central hidroeléctrica se había construido en 1880), lo cual significa que en el diseño y la construcción debió guiarse en gran medida por su ingenio; y fue, hasta donde se pudo averiguar, la primera central hidroeléctrica de Latinoamérica. Esto coloca a Zuloaga como pionero de la hidroelectricidad, en cuanto a tecnología e iniciativa empresarial, en el ámbito global.

LA PRIMERA GRAN MARCA COMERCIAL

Aunque el Amargo de Angostura es, en rigor, la primera marca venezolana de renombre en el exterior, el hecho de que la empresa emigrara y su mercado se viese relativamente restringido a la coctelería dejan al Ponche Crema, creado en 1900 por el químico y perfumista Eliodoro González (1871-1923), como la primera patente nacional en lograr un gran éxito comercial. No es que no haya otras marcas de la época que se mantengan hasta hoy. Un fenómeno digno atención es Diablitos Underwood, que comenzó a comercializarse en 1896, según la página de Internet de General Mills, cuando un político venezolano (¡que no nombra!) lo probó en Boston y lo trajo al país. Tan venezolano se hizo –como la probable causa de su éxito: su maridaje con la arepa– que hoy la marca solo se comercializa en el país. Otro fenómeno sería el de la Emulsión de Scott, cuya presencia en la publicidad se encuentra a finales del siglo XIX. No obstante, su fama es de carácter más general en Latinoamérica, producto de una estrategia que desde 1880 se planteó conquistar la región, empleando incluso a un latino para que dirigiera la campaña. Pero, a diferencia de ellos, el Ponche

Crema es un producto nacional, típico de su época, cuando se comercializaron numerosos ponches y cremas de licores, y fue el único que sobrevivió hasta hoy.

EL MAPA DEL NUEVO PAÍS

Poco a poco se ha ido revalorizando la importancia de Ralph Arnold (1875-1946) en la historia de Venezuela. Este ingeniero estadounidense fue contratado por la empresa General Asphalt, cuyo apoderado, Rafael Max Valladares, recibió en 1910 una inmensa y aún polémica concesión petrolera –la famosa Concesión Valladares– que atravesaba el país. La idea de Valladares era vendérsela a la Royal Dutch Shell; y la misión de Arnold, determinar su potencialidad. Con un equipo de geólogos recorre el territorio y elabora, en 1912, un informe trascendental, porque pone a Venezuela en el mapa petrolero mundial y convence a Sir Henri Deterding de comprar la concesión. Dos años más tarde supervisa la perforación del pozo Zumaque I, en Mene Grande, donde el 31 de julio de 1914 comienza la explotación petrolera en el país. Con razones en buena medida justificadas, la historiografía venezolana siente aprehensión frente a la Concesión Valladares o frente a la General Asphalt (dueña también de la New York & Bermúdez Co.), como expresiones de la corrupción del gomecismo y su connivencia con el imperialismo. Igualmente se siente indignada ante las condiciones iniciales de la industria petrolera, pero eso no borra la importancia de un hombre cuya actuación ha influido durante casi un siglo en la vida de cada uno de los venezolanos.

UN MAESTRO

En 1929 Luis Caballero Mejías (1903-1959) egresó de la Escuela de Artes y Oficios de Santiago de Chile. Cuando vuelve a Venezuela, con una formación por encima del promedio, rápidamente es contratado en los astilleros de Puerto Cabello. Después pasa al sector ferrocarrilero. En ambos casos constata el tremendo problema de no contar con mano de obra calificada y empieza a preocuparse por la educación técnica. En 1935 es nombrado director de la Escuela de Artes y Oficios de Caracas, para la que propone dos años después el nombre de Escuela Técnica Industrial: la educación tendría que ponerse a tono con una sociedad que quería pasar de la limitada producción artesanal a la industrial. Se convierte en un experto en el área y es nombrado director de Educación Artesanal y Comercial en 1958, pero la muerte lo sorprende un año después. Durante su gestión empieza la edad de oro de la educación técnica, que formó peritos y técnicos esenciales para el proyecto de industrialización que se llevaba adelante en el país.

OTRO MAESTRO

El caso de Rodolfo Loero Arismendi (1896-1987) es similar. Químico egresado de la Universidad de Sarria (en Barcelona, España) y odontólogo de la Universidad Central de Venezuela, ejerció la docencia a nivel medio y superior (UCV, Pedagógico de Caracas, Escuela Militar); publicó numerosos manuales y puede considerarse uno de los pioneros del periodismo científico en Venezuela con su columna «La química ante el futuro», en *El Universal* (1918-1922). Para inicios de la década de 1940, el país vive un proceso de incipiente industrialización. La Segunda Guerra Mundial impedía importar manufacturas, al tiempo que la economía petrolera permitía una expansión del consumo. Eso motivó a varios inversionistas a montar fábricas que atendieran necesidades inmediatas. Rápidamente, no obstante, la Cámara de Industriales de Caracas percibe el problema que ya había identificado Caballero Mejías en los astilleros: no hay personal calificado. Así nace, por iniciativa empresarial, el proyecto de la Escuela Química Industrial, que se inaugura finalmente en 1943. El director no podía ser otro que Loero Arismendi. Hoy la institución lleva su nombre.

LA MODERNIZACIÓN DE LA AREPA

Si una revolución transformó la cotidianidad de los venezolanos fue la harina de maíz precocida que, en 1960, saca al mercado Empresas Polar bajo la marca PAN. Era el resultado de una carrera en la que participaron distintas iniciativas e investigadores, pero hubo de ser un químico checo, Karel Roubicek (1913-2004), quien ya había tenido un gran éxito tropicalizando la cerveza tipo Pilsen para Polar, el que diera finalmente con la fórmula. A partir de entonces hacer arepa se vuelve un proceso rápido; de hecho, se rescata su consumo, ya en declive en las ciudades, por la complejidad de su elaboración (pilar, remojar, moler y cocinar el maíz). ¿Hay un mejor ejemplo de innovación, tradición y éxito comercial?

LA FAJA MILLONARIA

Venezuela está certificada como poseedora de las mayores reservas de petróleo del mundo, más de 300 000 millones de barriles, la mayor parte de los cuales son crudos pesados y extrapesados de la Faja Petrolífera del Orinoco. Esto, en un planeta donde se agotan los hidrocarburos, le da al país un valor estratégico fundamental, aunque la humanidad avance hacia otras formas de energía. A mediados de la década de 1960 la Corporación Venezolana de Petróleo, primera compañía estatal, y el Ministerio de Minas e Hidrocarburos estaban en una situación parecida a la de General Asphalt cincuenta años atrás: habían pensado en otorgarle un contrato de servicio a la Shell, pero desconocían la dimensión de los yacimientos. Dos geólogos venezolanos, Hugo Velarde y José Antonio Galavís, fueron comisionados. Los resultados de sus estudios, realizados entre 1965 y 1968, los dejan tan boquiabiertos como a Arnold: calculan que puede haber hasta 200 000 millones de barriles. Al principio los creen locos. Pero todos los estudios posteriores tercamente les han dado la razón: tal parece que el problema de Venezuela no es que se le acabe su petróleo, sino que llegue el momento en el que no halle qué hacer con él.

LA FAMOSA MECEDORA

El diseñador industrial y arquitecto norteamericano Emile Vestuti (1927-1998) se estableció en Venezuela la mayor parte de su vida y desarrolló una obra en varios ámbitos. En 1989, en el taller de Casa Curuba, Quíbor (estado Lara), produjo por primera vez la mecedora Easy Rocker, que rápidamente se convirtió en un objeto de culto. Hoy se vende internacionalmente y constituye una expresión de otro costado de la innovación y de la industria, el diseño, que hace a las cosas, además de funcionales, hermosas.

CODA

Una sociedad que ofrece ejemplos como estos aparentemente tiene más referentes que los de la Magna Gesta para nombrar o renombrar sus realizaciones. Es verdad, la mayor parte de los acá nombrados difícilmente congenian con una cierta visión del socialismo. Pero la creatividad, el trabajo, la honestidad y la imaginación podrían ser, en última instancia, compartidos por todos los modelos. El punto es que la Batalla de El Juncal fue, sin lugar a dudas, un momento de inflexión fundamental en la Independencia de América, porque marcó el fin del período de derrotas de los patriotas. Manuel Carlos Piar avanzó hacia Guayana, para conquistar la base de operaciones desde la que se liberó media Sudamérica. Por eso hay que recordarla con orgullo y admiración; por eso hay que usarla de epónimo para que las futuras generaciones la conozcan, pero de un cuartel, una plaza o una avenida. Después de ella ha habido otras historias de talento, valor y victoria que se deben evocar. En fin, hay otros héroes para nombrar lo demás. En alguna medida, Piar peleó por eso.

Debates IESA, vol. XVI, n.º 3, julio-septiembre 2011, pp. 89-92

DIANA, LA SOCIALISTA

En 1960, la agencia publicitaria Fornari creó a *Dianita*, el ícono de Aceites Diana, una empresa fundada en Valencia en 1946 y que inicialmente comercializó un producto llamado Aceite Aura. Fue un poco más tarde cuando sacó al mercado el aceite que lleva su nombre y la haría famosa. Desde entonces la niña gordita con dos moños, un vestido verde con lunares amarillos, que parece estar bailando y en su mano derecha lleva una sartén con dos muslos de pollo, se convirtió en un personaje entrañable para los consumidores venezolanos. Algunas de sus cuñas televisivas en las décadas de 1970 y 1980 permitieron afianzarla mediante dibujos animados.

En 2009, dentro del proyecto general de poner en manos del Estado las empresas estratégicas, comenzando con aquellas que por algún motivo no estuvieran plenamente operativas, Diana fue estatizada. Lo notable es que no solo se mantuvo su imagen, sino que ahora Dianita aparece otra vez en dibujos animados y cómics (eso sí, más estilizada y adulta), como una líder obrera que encabeza la toma de la empresa por los trabajadores. En una de las cuñas, Simón Bolívar celebra sus proezas con una sonrisa complacida y paternal. Lo ocurrido con la empresa y con su imagen contiene tantos aspectos comunes con procesos característicos de los socialismos reales que bien vale la pena detenerse en ellos para compulsar la naturaleza del socialismo que se está erigiendo –o al menos tratando de erigir– en Venezuela, así como para aproximarnos a la historia de los grandes debates socialistas del país que no arrancaron, ni remotamente, con Hugo Chávez, y que por eso tienen bastante más que ver con lo que estamos viviendo de lo que muchos suelen imaginarse.

CULTURA Y ECONOMÍA EN EL SOCIALISMO REAL

Lo primero que nos demuestra la nueva, estilizada y militante Dianita es la concepción política e ideológica de las actividades productivas o, en todo caso, la subordinación de sus aspectos técnicos a los fines «trascendentes» que traslucen los nuevos anuncios. Ahora, el ícono no sirve como estrategia de publicidad y mercadeo para vender un producto, sino para vender un nuevo proyecto de Estado y sociedad. Por supuesto, esto hay que matizarlo con la crítica marxista que ve en la publicidad una forma especialmente refinada de ideologización burguesa: lo que Dianita expresaba como ícono publicitario, visto en esta clave, tenía su costado político. Por ejemplo, podría preguntarse un investigador inquietado por los estudios subalternos o de género: ¿por qué es una mujer quien fríe el pollo? ¿No es eso explotación de la mujer? Del mismo modo, la crítica marxista habla de la ciencia como «metafísica burguesa»; así, cuando se habla de ingeniería en alimentos o de contabilidad como algo carente de ideología se está mintiendo, porque ambas cosas contienen una forma de ver la sociedad. ¿Quién ha dicho que un balance no es una clara manifestación capitalista de deseos de lucro? ¿Por qué no mide la plusvalía absoluta y la relativa?

Todo indica que los publicistas de Fornari no estaban pensando en eso cuando crearon a Dianita. Ellos solo querían pegar el producto en el mercado y aumentar las ventas de su cliente. Que esa intención corresponda a un sistema de valores lleno de vasos comunicantes con la política es otra cosa; o que esos valores puedan llegar a ser éticamente cuestionables también lo es, incluso si desde ángulos distintos al marxismo se comparten algunas aprehensiones sobre la moral de los publicistas. Obviamente, la teoría de la comunicación y la semiótica tienen mucho que decir al respecto, por lo que es recomendable dejar su análisis a los especialistas. Lo que sí es muy revelador de una forma determinada de concebir la economía es eso de volver a las industrias lugares para experimentos sociales (y no, sencillamente, para producir aceite) y convertir un ícono publicitario en un medio para hacer la revolución (y no solo para que la gente recuerde la marca de un aceite). Naturalmente, en el capitalismo producir aceite y hacer publicidad pueden también ir generando transformaciones sociales (¡hay que ver lo que significó el aceite de oliva para la democracia griega!), en ocasiones deliberadamente buscadas por los empresarios, pero difícilmente es su objetivo central. Primero hay que producir y vender.

Hacer y promover la revolución en una fábrica de aceites es lo que procuraron, al menos al principio, los planificadores soviéticos. Aunque la única razón por la que el sistema de planificación central no fue capaz de satisfacer las demandas cotidianas de sus ciudadanos no fue esa (hubo problemas mayores en incentivos, suministros y distribución), sí fue una de sus mejores cartas para justificar sus fallas: no importan las carencias de hoy, «el futuro funciona y es socialista». La buena noticia es que, hasta donde lo anuncian las cifras oficiales, Aceites Diana ha alcanzado magnitudes de producción capaces de tranquilizar a los escépticos. La mala es que no hay forma de contrastarlas con otros datos.

La nueva Dianita expresa también otra característica de los socialismos reales: la dificultad para generar referentes culturales tajantemente distintos de los producidos por la sociedad y la cultura burguesas, o al menos para generar otros más efectivos. Aunque los socialismos reales también produjeron un Dimitri Shostakóvich y un payaso de la escala mundial de Oleg Popov, o lograron poner en órbita al Sputnik, el balance general no es muy alentador. Todo indica que la ortodoxia y la censura sofocaron las capacidades creativas; que, por ejemplo, lo más prometedor de las artes plásticas y del diseño soviético de los días del constructivismo dio paso al plúmbeo realismo socialista, que las ideas –para muchos las francas chifladuras– de Lysenko impidieron una ciencia soviética capaz de superar a la occidental o que las purgas apartaron de la investigación a Luria con sus deslumbrantes trabajos de neurociencia.

Si descontamos el Tetris, creado en 1984 por Alekséi Pázhitnov, y el cubo de Rubik, lo que pudiera llamarse la cultura pop del socialismo –que tuvo también sus cantantes y bailes juveniles, sus programas de televisión, sus vestidos de moda– difícilmente fue más allá de lo que terminó haciéndose en muchos otros aspectos de la vida: una copia y adaptación, hasta donde fuera posible, de lo que Occidente inventaba. Tales son los casos del trágico «Red Elvis», Dean Reed, fallido émulo del «rey» en la Alemania Oriental (al final se suicidó) o de la *Lipsi Tanz*, una especie de cha-cha-chá prusiano que quiso sustituir al *rock 'n' roll* en los cincuenta y que, después de todo, no carecía de cierta gracia. Quienes se atrevían a ir más allá, como Nina Hagen, tuvieron que huir o asumir algunas de las formas más radicales de contracultura del siglo xx, como las de quienes participaron en la Praga Underground de la década de los setenta. Jamás el Woodstock de Estados Unidos, que al cabo fue financiado por la industria del entretenimiento, resultó tan auténticamente contestatario y antisistema como el multitudinario concierto de The Plastic People (¡con su nombre en inglés!) en la ciudad checa de České Budějovice (Budweiss en alemán: de ahí viene la cerveza) en 1974. Otro tanto puede decirse de las fiestas *rave* de Berlín Oriental antes de la caída del Muro.

Ante la dificultad de hacer que las personas consuman su producción cultural con el mismo entusiasmo con que consumían la anterior, los regímenes real-socialistas terminaban «resemantizándola»; es decir, reinterpretando esas manifestaciones del pasado –en el entendido de que el capitalismo haya quedado en el pasado, como dictaba la ortodoxia– para alinearlas con las necesidades de la hora. Que en algún grado la resemantización ocurra en todas las sociedades es normal; pero que ocurra en las que se han propuesto tomar el cielo por asalto, barriendo con lo anterior, es llamativo. Basten los ejemplos rusos del Ballet Bolshoi vuelto símbolo de la Unión Soviética, o de Alexander Nevsky resucitado como símbolo nacional antes de la invasión alemana. Dianita resemantizada como líder obrera y socialista hace un poco ese papel. Por eso, más allá de lo ingenioso y gracioso de esta conversión, se percibe esa falta de musculatura creativa que a la larga termina secando la capacidad del sistema para renovarse. De estatizarse algún día todas las empresas, ¿podrán los nuevos diseñadores crear una imagen tan potente y eficaz?

PARA UNA CULTURA SOCIALISTA VENEZOLANA

Ahora bien, si de verdad Diana representa a una obrera socialista y adolescente de la Valencia venezolana de comienzos del siglo xxi, aquellos referentes al pasado soviético –piénsese, por ejemplo, en el baile del Lipsi– habrán de resultarles tan lejanos y ajenos como si se le hablara de otro planeta. Obviamente, no lo son en vista del proyecto y los valores que encarna, pero su vivencia le diría otra cosa. Tal vez nuestra Dianita nada haya oído de aquel tiempo, o haya oído algo en los cursos de alguna misión o en la voz del presidente Chávez, pero la conversión del ícono implica otra cosa, mucho más profunda, en aquellos a quienes se supone representados por el personaje: unos obreros que transitan su camino de Damasco y ven la luz.

En el dibujo, el proceso es más sencillo que en la realidad. Según las Bases programáticas del Partido Socialista Unido de Venezuela (PSUV), al alcance de cualquiera en Internet o en el *Libro rojo*, de distribución gratuita, uno de sus objetivos estratégicos y esenciales es «la lucha contra la cultura política liberal burguesa», pero es uno de los más complicados. Dice el documento: «... cuestión que se hace mucho más difícil considerando que la experiencia de más de 40 años de democracia representativa genera un imaginario, unas prácticas sociales y unos valores arraigados en la conciencia popular, al punto que estas prácticas constituyen serias limitaciones para la transformación revolucionaria de la sociedad venezolana».

Aunque no es muy prolijo al explicar por cuál modelo se va a sustituir el Estado burgués (se habla de ponerlo «en manos del pueblo» y no mucho más: la Ley Orgánica del Poder Popular, de 2010, abunda un poco más al respecto), lo dicho es también una declaración muy importante del éxito que ha tenido la vieja cultura democrática (para muchos, la única cultura democrática digna de tal nombre) para pervivir, de hasta qué punto los venezolanos la han hecho suya.

También se lee en estas bases programáticas que la «ruptura de la cultura empresarial capitalista» es un objetivo central del partido. No se habla de eliminar en sí la propiedad o la empresa privadas, pero sí de reducir su importancia, sobre todo en los medios de producción, para dejar lo importante en manos del Estado. En esto el PSUV está al día con los demás partidos comunistas que siguen considerándose herederos de la tradición leninista: un sistema mixto, más o menos similar a la «Nueva Política Económica» (NEP, por sus siglas en ruso) de Lenin, que propició algún crecimiento después de la Gran Guerra y la Revolución. Stalin la echó para atrás en 1925, para imponer la planificación central quinquenal, ese Plan Gengis Khan, como lo llamó Nikolai Bujarin por sus cualidades potencialmente devastadoras. Además, a partir de 1928, la consiguiente matanza de los *ku-laks* –los campesinos de clase media que se opusieron a la colectivización de sus fincas– terminó de darle su perfil de Gengis Khan a Stalin. Aunque Bujarin fue más bien un propagandista y no el teórico que quiso representar, era de los pocos bolcheviques que desafiaban la solemnidad revolucionaria con sentido de humor y de los más cautos con las posibilidades reales de imponer el socialismo a machamartillo. Stalin lo fusiló en 1938.

Esa distancia entre Stalin y Lenin, Trotsky y Bujarin, a la larga ha resultado muy útil para los partidos marxistas leninistas sobrevivientes a 1989. La tesis que manejan es, más o menos, que el error estuvo en el estalinismo, no en el modelo marxista leninista en sí, que a la revolución le queda una oportunidad depurándose y volviendo a sus orígenes, que el camino es el sueño romántico del Che Guevara –¿lo que hizo como ministro de industria en Cuba?– y no el burocratismo de Brezhnev.

Este tema merece seguir siendo discutido. Con todo, esa visión del socialismo mantiene su diferencia esencial con la de quienes sostienen, y han sostenido en los últimos cien años, que si bien los grandes ideales socialistas son los éticamente correctos –los mayores grados posibles de igualdad y libertad entre los hombres, la necesidad de un Estado que ayude a conseguirlos, y de quitarle para eso el poder a la burguesía– nada obliga a mantenerse dentro de los planes trazados por Marx y Lenin cuando resulten impracticables; que la lectura de sus obras hay que hacerla con sentido crítico y no como quien busca una revelación en un texto sagrado; que no existe razón alguna para mantenerse fiel a ellos ni a ningún otro dogma, si se ha demostrado su error en algún punto (hay que admitir que el PSUV, aunque no lo dice así, más o menos sostiene este principio al enarbolar la originalidad como el octavo punto de su Declaración de Principios). Para esta corriente –la de Eduard Bernstein, Karl Kautsky y August Bebel, por nombrar tres– esos errores están más que claros en aspectos tales como: 1) sus profecías sobre el fin muy próximo del capitalismo o la inminente llegada de la revolución, producto de la lucha de clases se desmienten en los hechos (acá sí coincide el PSUV con el marxismo leninismo clásico: el segundo punto de la Declaración de Principios asegura que el capitalismo está en crisis y pronto va a caer); o 2) la evidencia de que el Estado burgués ofrece caminos para acercarse a las metas socialistas, como el voto universal, que cambia las reglas del juego de la política, o la liberación femenina, en tanto llega la revolución, si es que llega algún día (tal cosa es, obviamente, un anatema para el PSUV: ¡claro que va a llegar!).

DIANITA, ¿ADECA?

La ruptura con Lenin que protagonizaron los socialdemócratas alemanes desde finales del siglo XIX marca un derrotero distinto y, generalmente, contrapuesto. De hecho, las críticas de los marxistas al revisionismo y al reformismo, como simples fórmulas de pacto con la burguesía y traición a la clase obrera, van a marcar uno de sus deslindes ideológicos más hondos e intensos. Quienes hayan leído a Lenin se acordarán de sus constantes imprecaciones al «renegado Kautsky». Después de la Segunda Guerra Mundial, cuando el mundo bipolar obligó a tomar partido por uno de los dos bandos, la socialdemocracia terminó ponderando sus ideales más cerca del liberalismo que del socialismo real. El Programa de Godesberg, de 1959, es el hito de ruptura definitiva del Partido Socialdemócrata alemán con su pasado marxista, en la República Federal; en la oriental, se autodisolvió e integró al Partido Socialista Unido. Es un ejemplo que cunde. En el 28.° Congreso del Partido Socialista Obrero Español (Madrid, 1979), por ejemplo, se hace otro tanto bajo el lema de «construir la libertad» que impuso Felipe González.

La socialdemocracia, entonces, hoy propugna por una economía mixta y un Estado de bienestar. Y hasta donde lo dicen los indicadores sociales y económicos, ha obtenido verdaderos éxitos en este camino, cosa que generó no pocos problemas para los marxistas leninistas clásicos; sobre todo cuando, a partir de 1989, el Estado soviético se derrumba y el de bienestar, aunque entra en una crisis de la que aún no ha salido, aparece triunfante. Pero si algo les criticaba Bernstein a los marxistas leninistas era su condición refractaria a las evidencias. Siempre hay una nueva teoría para explicar por qué el capitalismo no termina de caer o por qué la revolución no estalla cuando, donde y como se ha previsto. O por qué, cuando al fin estalla, termina siendo un fracaso.

En cuanto al Estado de bienestar, para el marxismo leninismo hay otro argumento, de índole moral: comoquiera que el capitalismo es intrínsecamente antiético –por la explotación del hombre por el hombre, por el trabajo alienado y por muchas otras cosas– pactar con él, aunque eso traiga la calidad de vida de Europa Occidental, es obtener beneficios de una suerte de pacto satánico. En los documentos del PSUV se lee: «... solo es posible avanzar en la eliminación del capitalismo si se eliminan las relaciones sociales de producción basadas en la explotación del trabajo ajeno y, por consiguiente, si se eliminan los procesos de acumulación privada del capital basados en la ganancia producida por la explotación del trabajo... Puede ampliarse la frontera de cobertura de atención social y servicios, y puede elevarse la calidad de vida de la población... pero estas no serán más que diversas modalidades del 'Estado de Bienestar social', que en esencia no alteran las relaciones de producción capitalistas...».

Tal vez pocos venezolanos no relacionados con el tema tengan conciencia de que no solo es disputa que viene dándose desde la década de los treinta sino que, encima, ha tenido una inmensa influencia en la configuración de la Venezuela moderna y ha producido algunas de las mejores páginas del pensamiento socialista latinoamericano.

Rómulo Betancourt, ya en los treinta; Teodoro Petkoff, a raíz de la decepción por la derrota guerrilla y la invasión a Checoslovaquia en 1968; y Alfredo Maneiro por las mismas razones en la década de los setenta; todos, partiendo del marxismo leninismo llegaron a conclusiones más o menos socialdemócratas, aunque ninguno (acaso Betancourt ya muy viejo) se atreviera a admitirlo redondamente. Tal vez obró en ello un cierto prurito marxista de base: los tres fundaron partidos que se declararon revolucionarios y lucharon por una revolución; el de Betancourt, Acción Democrática, incluso intentó hacerla en 1945; el de Petkoff, Movimiento al Socialismo, en un principio se concibió como un «nuevo comunismo»; y el de Maneiro, La Causa R, se convirtió en una de las propuestas más originales y autónomas de las que se tengan noticias, muy en la línea de la Nueva Izquierda, con un «movimiento de movimientos». Acción Democrática, además, nunca se distanció mucho de la organización partidista leninista, que resultó ser muy eficiente.

No hay evidencia de que hayan sido cotidianos lectores de Bernstein o de los otros socialdemócratas alemanes, o de que, en el caso de que lo fueran, los hayan influido especialmente. Fue la vida venezolana, y un cierto talante antidogmático de los tres líderes y sus colaboradores más cercanos, lo que los convenció de un camino autónomo, de que la revolución de modelo soviético no correspondía a la etapa de desarrollo venezolano, cuando aún se admitía la visión de la historia de las sociedades sostenida por el marxismo del Partido Comunista soviético (tal fue uno de los grandes argumentos de Betancourt en la década de los treinta), ni era deseable por su carácter tremendamente antidemocrático (en eso coinciden los tres: el totalitarismo soviético es una dictadura peor que la de Gómez) e imperialista (tanto Betancourt, cuando se espantaba por la neutralidad ante Hitler que pedían los partidos comunistas en los días del Pacto Nazi-Soviético, como Petkoff, con la invasión a Checoslovaquia, insistieron en eso) que a lo sumo sustituía el dominio norteamericano por el ruso.

Betancourt fue quien más suerte tuvo con su modelo, tomando el poder y moldeando, en gran medida y desde él, a la Venezuela moderna. Uno de los grandes agentes de esa democracia de cuarenta años que el PSUV anota como una de sus contrincantes más formidables, fue Acción Democrática (AD), su doctrina y sus valores. No es de extrañar que el PSUV –que se inserta en la tradición de quienes nunca disintieron esencialmente de la Unión Soviética (aunque sería injusto decir que en su seno y doctrina no haya una reflexión sobre sus males y colapso final), de esa «izquierda borbónica» como la llama Petkoff– considere un objetivo fundamental demoler los restos de su cultura y, en especial, AD, para la que reserva un encono especial heredado de las viejas luchas de la izquierda, en las cuales los sectores comunistas, desde la década de los cuarenta, fueron sistemáticamente vencidos por AD en casi todos los frentes.

Convertir, entonces, a Dianita, es cambiarle sus valores (en eso tiene razón el PSUV), hacerla despreciar esos principios de la democracia burguesa y de una cultura empresarial o, incluso más, de un cierto socialismo no marxista leninista (al menos no del todo) que la gobernó por una generación. Hacerlo, no obstante, resemantizando un viejo ícono, da algunas pistas de las dificultades –ideológicas, simbólicas, axiológicas– que hay para hacerlo. Proponerlo, además, volviendo un proceso político e ideológico lo que antes era una estrategia de mercadeo (aun admitiendo que el mercadeo y la publicidad son dispositivos ideológicos), revela también otro tipo de dificultades que se pueden presentar. Tal vez el socialismo llegue y triunfe en su empeño de hacer un mundo mejor. O tal vez Dianita sea otro experimento como el Lipsi (que, insistimos, tenía su gracia) o, quién sabe, continuando en la antidogmática tradición venezolana, cuando finalmente lo baile, viendo las evidencias y sopesando los hechos, prefiera hacerlo al son de Rómulo Betancourt.

NOTA

Los datos históricos sobre Aceites Diana fueron tomados del informe de pasantía elaborado en 2009 por Jandri Malpica para obtener el título de ingeniero mecánico en la Universidad Experimental del Táchira: *Estudio y evaluación del funcionamiento de sellos mecánicos usados en equipos rotativos de una empresa productora de alimentos*.

Debates IESA, vol. XVI, n.º 1, enero-marzo 2011, pp. 90-93